動物にタイプ分けで簡単！

あなたの周りのイヤな人から身を守る方法

大嶋信頼
Nobuyori Oshima

エムディエヌコーポレーション

あの人といっしょにいると、
なんとなくイヤな気分になるんだよなあ……
イライラしてくるんだよなあ……

そんなふうに、あなたの心をかき乱す
「イヤな人」が周りにいませんか？

たとえば……

なんでもかんでも
根掘り葉掘り聞いてくる
ハゲタカみたいな人

派手な飾り羽を
見せびらかすように
自慢話ばかりしてくる
クジャクみたいな人

いつもイライラしていて
ネチネチとしつこく
小言を言ってくる
ハイエナみたいな人

あたりかまわずブーブー
グチや悪口をぶつけてくる
ブタみたいな人

自分のことを
アピールしまくって
マウンティングしてくる
サルみたいな人

以前と違って
話がかみ合わずまるで
別人のように思えてくる
カメレオンみたいな人

自分が言うことは
絶対に正しいと
価値観を押しつけてくる
ライオンみたいな人

こんな人たちに囲まれて、
いつもふり回されてばかりで、
疲れていませんか？

そんなあなたに、
「イヤな人」から身を守る方法を
お教えします！

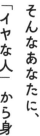

はじめに

いつもイヤな人にふり回されてしまうあなたへ

ある方に「苦手な人や嫌いな人にどう対応したらいいでしょうか?」と相談されたとき、「対応」ってなんだか相手と〝戦う〟みたいで、今の時代にはちょっとマッチしないかもな、と思いました。

昨今は「多様性」（人びとが持つ多種多様なバックグラウンド）が注目を集め、異なる特徴や特性を持つ人たちが集団の中で共存することや、価値観は人それぞれであると認めることが大切にされています。

つまり、**個々の違いを認め尊重し合うことが求められている**のです。

でも、多様性を認めるってなかなかむずかしいこと。

たとえば、外国の方との文化の違いを認めて尊重することはできても、その方が長年、日本に住んでいた場合、「なんで日本人のようにできないんだろう……」と憤りを感じたり、イヤな思いをしたりした経験がある人はいるでしょう。

「同じ人間なのに！」と思ってしまうと、その人との違いを認め尊重することができなくなってしまいます。

このように人との違いを認めることができなくなると、**相手も自分と同じように感じたり、考えたりしているはずだと思い込むようになります。**

相手の言動からその人の気持ちを勝手に解釈し、「もしかしたら私に嫌がらせをしているのかも⁉」「私の足を引っ張ろうとしているに違いない！」などと考えてしまうと、ふつふつと怒りが込み上げてきます。

それは、相手が思っていることを勝手に想像してシャドーボクシングをやっているようなもの。**頭の中で相手のイメージと一人で戦っている**のです。

苦手な人や嫌いな人が自分と同じように感じたり、考えたりしていると思い込んでいるときは、「もし自分だったら……」と想像して疑心暗鬼になり、相手にバカにされているのではないかと思えてきます。

そして、怒りや恐怖が湧いてきて、その感情にふり回されてしまうのです。

残念なことに、そんなふうに**勝手に考えれば考えるほど、相手はあなたが想像したとおりの行動をとるもの。**自分が想像していることが現実となって、どん底に突き落とされたような気分になってしまうでしょう。

相手を自分と「同じ人間」だと思ってしまうと、多様性を認めることがむずかしくなってしまいます。

そこで、苦手な人や嫌いな人であってもその多様性をすんなり認められるように、本書では誰もが「なんとなくイヤだな〜」と思う人たちを動物にたとえてみました。

相手を動物にたとえるといっても、けっしてその人をバカにしたり、見下したりすることが目的ではありません。

「イヤだ」と思う人の行動特性を動物にあてはめ、その動物の習性から言動の裏にある目的を見抜くのです。

自分とは「違う生き物」としてイヤな人を観察してみると、思考や行動、本来の意図が違うことがわかり、相手を尊重できるようになります。

イヤな人との違いを認められないときは、不快な思いばかりがふくれ上がっていったけれど、違いを認められるようになると、不思議と相手の態度が変わり始めます。

多様性を認められるようになると、他人の言動にふり回されなくなって気持ちがラクになるのです。

また、自分の中にもさまざまな動物たちの姿が見えてきて、「あ、私にもこんな動物的なところがあったんだ」と、新しい自分を発見できるでしょう。

そして、自分の中にいる動物の多様性も認められるようになると、**ありのままの自分を受け入れることができるようになって、自分を大切にできるようになります。**

これで、あなたがイヤな人にふり回されている、その謎が解けたでしょう。

そうです、**あなた自身が自分を大切にしていないから、イヤな人にふり回されっぱなし**なのです。

多様性を認めることができるようになると、人づき合いがラクになります。

さらに、自分の中の多様性も認めてあげることで、自分を大切にすることができるようになります。

自分を大切にすると、イヤな人に遭遇することがなくなっていくでしょう。

周りの人たちを動物にたとえて観察し、自分との違いを認めて相手を尊重できるようになったとき、今まで以上に自分を大切に思えるようになるでしょう。

すると、目の前に広がる世界が変わり始め、あなたは自由になれるのです。

さあ、多様性の世界をいっしょに探検しましょう。

PART 1
みんなと仲良くなれる、わかり合えるなんてありえない！

Contents

PART 2

あなたを困らせる「イヤな人」はこんな動物たち!!

PART 3

動物タイプ別「イヤな人」を遠ざける方法

PART

4

「イヤな人」と心の距離をとる5つのメリット

PART 5

「イヤな人」にならないための5つの掟

PART 1

みんなと仲良くなれる、わかり合えるなんてありえない！

私だけが人に攻撃されるのはどうして？

人を嫌いになることができない私

「人類みな兄弟」というキャッチフレーズを聞いたことがありませんか？子どものころ、テレビＣＭで流れていたこのフレーズを耳にして、厳しいキリスト教の家庭で育った私は、「うんうん、そうだよね！」と共感。「人類みな兄弟。みんな同じ人間なんだから、誰に対しても分け隔てなく接してつき合っていこう」と思っていました。

そのため、いじめっ子にまで近づいては泣かされる毎日。嫌がらせを受けた直後は、「あんなイヤな子とは二度とつき合うもんか！」と固く決心するのですが、翌日にはもう「やっぱり嫌いになったらかわいそうだよな」と思い直して、同じことをくり返すのでした。

キリスト教では「あなたの敵をあなた自身のように愛しなさい」と教えられていたため、誰かに不快な思いにさせられても心の底から相手を嫌いになることができず、不快な思いをしないように相手との距離をとることもできませんでした。そして、「嫌がらせを受けるのは、自分がダメな人間だから」と、心の中で自分を責めてばかりいました。

イヤなことをされてすぐに感情をあらわにすると、相手はおもしろがって調子に乗り、嫌がらせはどんどんエスカレートしていきます。そこで、どんなことをされても動じないように努力してみるのですが、それをおもしろく思わない相手はもっとイヤなことをしてきます。

我慢すればするほど感情を抑えきれなくなり、ついには情けなくなって泣きだしたり、怒りのあまりわめき散らしたりしてしまう始末。おまけに、周りの人からは白い目で見られているような気がして、みじめな気持ちになってきます。

「みんなとうまくやれる」という幻想

子どものころはよく、グループをつくって仲間同士で遊ぶようになります。ところが、私はどこのグループにも属さず、いつもひとりぼっちでした。

スクールカースト1軍の目立つ人たちのグループに入ると、自分もイケている人の仲間になって、ほかのクラスメイトを軽んじているように思われてしまう。3軍の目立たない人たちのグループに入ると、イケている人たちを妬んでいるように思われてしまう。

「**みんな同じ人間なんだから、誰かを嫌いになってはいけない。誰かを嫌っているように思われてもいけない**」、そう考えるとどのグループにも入ることができず、みんなはそれぞれ仲良くやっているのに私だけが誰とも友達になれずに、仲間はずれのような状態になってしまいました。

私のような子ども時代を送った人でも社会に出るころには、これまでの人間関係がひとつもうまくいっていないのに、**「自分は誰とでもうまくやっていくことができる」と思い込むようになります。**

「子どものころから人間関係で苦労してきたんだから、今ならみんなとうまくやれるはず」という強い期待感を持っているのです。

人に裏切られるのは自分のせい？

私の場合、学生時代に心理学を学んできたこともあって少々思い上がっていたのかもしれませんが、「自分は誰とでもうまくやっていくことができる」と思い込んだまま社会人になって仕事をし始めると、職場でとんだ目にあいました。

新人のころは誰しも先輩や上司にお荷物扱いされますが、私は早く周囲に認めてもらおうと日々仕事に打ち込み、次第に職場の信頼を得て仲間を増やしていきました。

するとある日、同僚がまるでテレビドラマのワンシーンのような露骨な嫌がらせをしてきたのです。

私は職場の人たちを尊敬していたため、嫌がらせをする人がいることにショックを受けました。

「仕事できちんと成果を上げて、ほかの人の迷惑になることなんて一切やっていないのに……、なんで？」

子ども時代にいじめにあった経験から、「ここで感情的になってしまったら、さらにひどいことになる！」と思い、仕事に集中。一方、頭の中では、「学園ドラマの主人公のように嫌がらせに屈することなく耐え忍べば、いつか嫌がらせをしてくる人と心が通じ合って仲間になれる」というハッピーな展開を思い描いていました。

時が経つにつれて嫌がらせをしてきた同僚の態度が変わり始め、「よし！」と思っていた矢先、実のところ直属の上司が同僚に私への嫌がらせを指示していたことが発覚。私は激しい腹痛におそわれて職場で倒れ、ついにダウンしてしまいました。

職場が変わっても、尊敬している上司に陰で裏切られ、信頼している同僚に後ろから刺される、といったことのくり返し。周りの人には、「何度も同じ目にあうのは、あなたが悪いからでしょ？」と思われていたに違いありません。

「違ってもいい」ことがわかると自由になれる

「尊敬できる人なら妬んだりしない」「信頼している仲間なら裏切らない」、そんなふうに勝手に決めつけて、「みんな自分と同じように思っているだろう」と私は思い込んでいました。

近ごろは「多様性」に注目が集まり、金子みすゞさんの詩にあるように**「みんなちがって、みんないい。」**という風潮が高まっています。

違いを認めることは「差別」することではなく、**お互いに違うところを「尊重」し合い、「適度な距離感」を保って関係性を築くこと**です。

つまり、「みんな自分と同じであるはず」という私の思い込みは、相手の思考や感情を認めない、自分との違いを許さない、差別的な考えだったのです。

私は心のどこかでずっと、自分のことを「被害者」であると思っていました。相手が自分と「同じ人間」であると決めつけて勝手に近づき、勝手に傷ついて、勝手に相手を「悪者」にしていたのです。

違いを認めることの大切さを知って、「みんな違っていいんだ！」ということがわかると、ものすごく生きやすくなります。

人間関係のしがらみから解放され、自由に生きられるようになります。

多様性のある社会の中で、あなた自身もみんなと違っていい、自分らしく生きていいのです。

周りの人の多様性を認めることができるようになると、自分の生き方も肯定できるようになるのです。

「なんとなくイヤな人」ってどこにでもいるの？

本当は「嫌いな人」がいるのに見ないフリをする理由

あなたにとって「嫌いな人」、どうしても「イヤな人」はどんな人ですか？

嫌いな人はいないという人であっても、嫌悪感や不快感を覚える人の性格や特徴を見て見ぬフリをしているだけで、できるだけ「嫌いなわけではない」「イヤなわけではない」と思うようにする傾向にあります。

人を嫌う気持ちを隠そうとするのは、「自分も誰かに嫌われているのかもしれない」と不安になってしまうから。

みんな、人に「嫌われるのが怖い」のです。

「自分に嫌いな人がいる」のと同じように、「自分も誰かに嫌われている」。「嫌いな人はいない」と言い張るのは、嫌われることへの恐怖心からきています。裏を返すと、**「誰からも好かれなければならない」と思っているから「嫌われるのが怖い」**のです。

自分が気にしていることができていないと「なんとなくイヤ」

人のことを嫌いになってしまうと、自分も人に嫌われてしまうかもしれないと思って怖くなってしまいますが、「嫌いな人」ではなく、「なんとなくイヤな人」という感覚で捉えてみるとどうでしょう？

「嫌い」というほどではないけれど、なんとなく苦手だったり、なんとなくイヤだったりする人の例をいくつか挙げてみましょう。

◎人の気持ちを考えずに行動する人

「どこか自分勝手で、いつも誰かを不快な気持ちにさせている気がするから」（30代女性）

◎**必要以上に気を遣っている人**

「どんなにニコニコしていても、『私がこんなに気を遣っているのに、どうして私には気を遣わないの？』と、心の片隅で不満に思っているかもしれないから」（20代女性）

◎**自分が思っていることを言わない人**

「『私はなんとも思っていませんよ』という顔をしていても、後になって裏で文句を言っているかもしれないから」（30代女性）

◎**遠慮なくものを言う人**

「自分のことは棚に上げて、人のことを指摘するから」（30代男性）

◎**人によって態度が変わる人**

「笑顔で丁寧に接する一方で、イヤそうな顔で雑な対応をすることもあって、人に優

劣をつけているのを見ると気分が悪いから」（40代女性）

◎**目上の人に対して言葉遣いや態度を変えない人**

「いきなりタメ口で話されると、バカにされている気がするから」（40代男性）

◎**子どもみたいにふてくされる人**

「ふてくされた態度をとられると、なんとなく悪いことをした気がして無駄に気を遣ってしまうから」（30代女性）

◎**なんでもかんでも質問してくる人**

「質問の答えに納得がいかないと『ふ〜ん』と聞き流されて、徒労に終わるから」（40代男性）

◎**人のことを勝手に決めつける人**

「たいして知りもしないのに、『あの人は○○だから』と自信満々に言うのがなぞだ

から」（20代女性）

このように、心の奥底に潜んでいる「なんとなくイヤな人」への気持ちを引き出してみると、「なんでこんな人にも好かれようと思っていたんだろう？」とちょっとスッキリしませんか？

「あれ？　なんで人に嫌われるのが怖かったんだろう？」と思えるようになるのだから不思議です。

なぜなら、**「なんとなくイヤな人」の行動は、「人に嫌われたくない」と思って自分が「しないように」努力していること**だから。「これをやったら人に嫌われるかも」と思って、ふだんから自分が気をつけている行動なのです。

自分が一生懸命、「しないように」気をつけていることをほかの人がやっていたら、「なんとなくイヤかも」と思ってしまうのは、**相手の影に自分の姿を見てしまう**から。

自分の中にある見たくない部分（人に嫌われる部分）を相手に「投影」しているため、相手から不快なことをされたときに「なんとなくイヤ」だなと感じるのです。

「イヤな人」に遭遇してしまうのはどうして？

「イヤな人」にも嫌われたくない心理

職場、ご近所、街中や旅先、どこでだってイヤな人には遭遇してしまうものです。

たとえば、電車に乗っているときに自分の横の席に座った人が「周りのことを気にせずに脚を広げる人」で、「ほかにも席が空いているのに、なんで私のとなりに座るのよ！」とイライラ。

宿泊先の受付の人が「ズケズケと根掘り葉掘り質問してくる人」で、「旅にトラブルはつきものとはいえ、なんで話を合わせないといけないんだろう……」とげんなり。

私自身、イヤな人に遭遇する確率が高く、ずいぶん悩んできました。

子どものころからずーっと、周りにいるイヤな人たちのことばかり考えていて、イヤな人のことが頭から離れない。どこにいても必ずイヤな人に遭遇してしまう。そしてまた、新たに出会ったイヤな人のことが頭から離れなくなるのです。

「どうして私ばかり、こんな目に……」と思っていましたが、実際は誰しも多かれ少なかれ、イヤな人に遭遇しています。

イヤな人に出会ってはいるけれど、「関わらなければ自分には関係ない」のでイヤな人のことなんか気にも留めず、当然、頭に残ることもありません。

ところが私の場合、大いなる「矛盾」を抱えているのです。

誰にも嫌われたくないので、「イヤな人」にも嫌われたくない。

そのため、イヤな人に対して「この人はどうして私に対してイヤなことをするんだろう？」と、**イヤな人の気持ちを考えてしまう**のです。

本来は、イヤな人なのだから関わりたくもないし、関わらなければ嫌われることもありません。

しかし、「イヤな人にも嫌われたくない」と思っている私は、相手が不快な行動をとった意味を考えてしまいます。

自覚はないのですが、「嫌われているのかもしれない」とモンモンとして、イヤな人のことばかり考えてしまうのをやめることができません。

そして、自分が人に嫌われるのを恐れていることに気づかぬまま、**「なんで」ばかりが頭の中で渦巻いて、イヤな人に対して怒りが湧いてくる。**イヤな人のことを考え続けて怒りだし、**自分のことを好きになってくれるように相手を変えようとしている**のです。

相手に対して「怒り」が湧く理由は、相手を変えようとしているから。

自分を好いてくれる人間に変えようとしても、結局は変えることはできないため、いつまでたっても頭の中からイヤな相手を追い出すことはできません。

「怒り」のもうひとつの理由は、**「イヤな人に会ったらどうしよう」という「怯え」**です。

実は、脳の中で「怒り」を感じる部位と「恐れ」を感じる部位は同じで、自分は「イヤな人に遭遇することに怯えている」と思っていても、**周りの人には「イライラして**

殺気立っている」ように見えるのです。

たとえるなら、小さい犬が大きい犬に向かって吠えるのと同じことで、小さい犬は怒って大きい犬を威嚇しているわけではなく、大きい犬に怯えて威嚇しています。

人間も犬も、「怒り」なのか「恐れ」なのかを自覚しないまま行動しています。

「イヤな人に会ったらどうしよう」という私たちの「怯え」の威嚇を受けて、**イヤな人たちはイヤな部分を丸出しにして対抗してきます。**怯えているほうは知らず知らず相手を威嚇しているのですが、相手は自分の身を守るために自分の性格や特徴を全開にしてぶつかってきます。

一方、イヤな人を気にも留めずにスルーできる人にはイヤな人は対抗せず、イヤな部分も引っ込んでいます。

だから、「どうして私ばかり、イヤな人に遭遇するの?」となってしまうのです。

怯えているはずなのにイライラして見られている？

先ほどもお伝えしたとおり、**イヤな人の特徴は「これをやったら人に嫌われるかも」と思って、自分がやらないように努力している行動**です。

「イヤな人に会ったらどうしよう」と自分が怯えていても、周りの人にはイライラしているように見られる。すると、相手は本能的に「イライラしている人には近づきたくない」と思い、嫌われようとして自分のイヤな部分を全面に出し、イライラしている人を遠ざけようとする。これを無自覚でやっています。

職場やご近所でイヤな人に遭遇し、その人のことばかり考えてしまうときは、自分では怒っているつもりはなくても周りの人には「怒り」として伝わってしまいます。

そのため、イライラしている自分に対して相手が怯えれば怯えるほど、どんどんイヤな部分を出してきます。それを受けて、自分はさらにイライラする。そして、相手もまたイヤな部分を全開にする、という悪循環に陥ってしまうのです。

私だけに「イヤな人」になるのはどうして？

「いい人」になるほど人に嫌われる

子どものころ、いじめっ子が私には嫌がらせばかりするのに、ほかの子には優しかったり、イヤな態度をとったりしないのはなんでだろう、と思っていました。

そのときは自分が「ダメ人間だから」「ドン臭いから」だろうと考えていました。

ところが大人になって、そのいじめっ子と再会したときに、「あなたに嫉妬していたんだ。イヤな態度をとってごめんね」と言われ、正直おどろきました。

「えええ〜！　勉強も運動もろくにできないダメ人間だったのに、いったいどこに嫉妬したの？」と、私にはまったく理解できませんでした。

私は子どものころから「人に嫌われたくない」という一心で、一生懸命「いい人」を演じてきました。できるだけ周囲に気を遣って、自分のイヤな部分を出さないように心がけていたのです。

ところが、**「いい人」を演じれば演じるほど、みんなに嫌われてしまった**のです。クラスメイトたちに「恵まれた環境で育ったから『いい人』になれるんだ」と思われていたようで、図らずも嫉妬心に火をつけてしまいました。

私の家は貧しく、親はいつも怒ってばかりで、恵まれた環境で育ったとはとてもいえません。嫌われたくないために「いい人」を演じているだけなのに、みんなをかん違いさせてしまっていたのです。

それは、大人になっても変わることがありませんでした。いつも嫌われることに怯えながら、自分のイヤな部分が出ないように、私は「いい人」であり続けます。

普通の人であれば、「誰にも嫌われたくない」なんて思わないでしょう。

普通の人のように自然に、ありのままの自分でいればいいのに、**過剰に「いい人」を演じているせいで、周囲の嫉妬心をあおることになってしまう。**

「私にはどこもイヤなところがありませんよ」と、聖人君子であろうとすればするほど、私に対する嫉妬心で相手のイヤな部分が丸出しになり、結局は自分がイヤな思いをするはめになったのです。

イヤな気持ちはどうしても顔に出る!!

もうひとつ、自分だけに「イヤな人」になるおもしろい理由があります。

「いい人」を演じている私としては、「自分がされたらイヤなことは相手にしない」と心に刻んで、それを完璧にできていると思っています。

たとえば、私は相手にイヤな顔をされるのがイヤなので、いつもいい顔をしていたい。だから、イヤな人にも笑顔で接することができていると思っていました。

しかし、人間という生き物は「こうしよう」と頭で考えて行動するよりも先に、「イヤだ」という感情にからだが反応してしまうもの。**イヤな人に対しては案外、露骨にイヤな顔をしてしまっている**のです。

「いやいや、絶対にそんなことはしないぞ」と自負していた私は、周囲をまったく気にしていないときに撮られた自分の顔を写真で見て、「うわ！　こんなにイヤな表情をしていたの？」とおどろきました。

誰にでもニコニコして笑顔でいようと心がけていたのですが、あまりにイヤな顔になっていたので、さすがにショックは大きかったです。

自分は「いい人」を完璧に演じているつもりでも、しょせんは素人の演技です。たとえプロの役者であっても、常に「いい人」を演じることはむずかしいでしょう。

それなのに、自分は「いい人」を演じきれていると思い込んでいるのだから、ちょっと滑稽に思えてきます。

イヤな人が目の前にいれば、「いい人」の顔になろうとするより先に、自然にイヤな顔になってしまうものです。

家の中で嫌いな虫を目にしたときのような表情を一瞬でも見せてしまったらアウト！　相手が不快になるのは当然のこと。そして、不快な気分になった相手はイヤな部分を全開にしてきます。

自分では完璧に演じられると思っていても、人間の表情や態度はそう思うようにはいかず、**自分が「イヤだ」と思っている気持ちは相手に伝わってしまう**のです。

さらにおどろくべきことに、自分でも気づいていない気持ちが実は、表情にすべて出てしまっているのです。

私は誰にも嫌われたくないので、「どんな人であっても嫌いにならない」と思っています。ところが、私の中では「これをやったら人に嫌われる」という行為があるわけで、それをやりそうな人には瞬時にからだが反応してしまうのです。

「この人に嫌われたくない」という思いよりも先に、「この人は人に嫌われることをやりそうでイヤだ」という気持ちが表情に出てしまい、それを受けた相手が攻撃してくる。自分は攻撃されていると思っているけれど、相手は攻撃しているという意識すらない。

「イヤだ」という感情が先にはたらいて自分が不快な表情を見せてしまったのと同じように、相手も「イヤだ」という感情で自然にイヤな部分をあらわにしてしまった、ということなのです。

他人を攻撃したくなるのはどうして？

弱い立場の人が実は攻撃している!?

心身ともに健康で、経済的に余裕があって、幸せに満ち満ちていて、自由気ままに好きなことをやって生きていたら、他人のことを攻撃したりしないでしょう。

私自身をふり返ってみると、心に余裕がないときに攻撃的になってしまいます。

心に余裕がなくなればなくなるほど、周りの人たちが自分のことをバカにしているのではないか、「大嶋さんのやることは間違っている」と誰かに非難されているのではないか、と思ってしまうのです。

また、道すがらすれ違う見ず知らずの人に対しても、「私は半分道をあけているのに、なんで同じようによけないんだ！」と怒ったり、スーパーのレジに並んでいるときに自分が並んでいる列の進みが遅いと、「ダラダラとレジ打ちをしているんじゃないか？」とイライラしたり、つい攻撃的になってしまいます。

ここで興味深いのは、心に余裕がないとき私には、**「自分がイライラして相手を攻撃している」という自覚がまったくない**ことです。

そして、私は弱者の立場になっていて、「弱者である自分は、強者の相手に対してどんなことをしたっていいんだ！」という感覚に陥っています。

わかりやすい例を挙げると、仕事を押しつけてくる横暴な上司に対して、「いつも命令してばかりで自分の手は動かさないくせに、余計な雑用まで増やしてくれて！」と心の中で攻撃する部下。部下がこう思っているときは、自分が「上司を攻撃している」という自覚はなく、「上司は文句を言われて当然」だと思っています。

しかし、その文句を上司に直接言ったとしたらどうなるでしょうか。上司は当然、部下からの「攻撃」と受けとって反撃するに違いありません。

よくよく考えてみると、反撃されることがわかっているので、部下は心の中に留めたまま上司には伝えないのです。

ただ、自分が上司の立場になって考えてみると、部下からそんなことを言われたら、落ち込んで立ち直れないくらいのショックを受けるかもしれません。

部下という立場は弱者であるから、強者である上司のことを不満に思っても、上司に直接文句を言っても、**「相手は強者だから傷つかない」という錯覚を起こしやすい**といえるでしょう。

誰もが攻撃する側になってしまう恐ろしさ

人を攻撃する人は心に余裕がなく、どこか満たされないところがあって、**「私は弱い人間なんだ」**という感覚になっています。そして、幼い子のように「大人には何をしてもいい」と思っています。

しかし、実際には「弱者」という立場は存在しません。はじめは「自分は弱者である」という名目で攻撃しますが、攻撃を受けた相手は当然、ダメージを受けて傷つきます。この時点で、攻撃したほうは「弱者」とはいえなくなります。

そして、攻撃されたほうも心の余裕がなくなり、周りの人を同じように攻撃してしまうという悪循環が生まれます。

大人も子どもに対して、同じようなことをしています。

大人は「社会的に束縛されている不自由な弱者」であり、子どもは「社会的な制約のない自由な強者」であるという錯覚から、大人が攻撃的になって、子どもに強くあたったり、暴言を吐いたりして傷つけてしまうことがあります。

心の余裕がなくなると、周りの人たちがすべて「強者」に見えてしまい、「強者には何をしてもいい」と錯覚を起こして、相手に対して攻撃をしてしまいます。

たとえば、電車でとなり合ったビジネスパーソンを「気持ち悪いおじさん」と思うのは、「年配の会社員は強者」と錯覚しており、自分が攻撃的になっていることに気づいていません。心の余裕がなく「弱者」の立場になっていると、相手がどんな人かもわからないのに勝手な思い込みや見た目の印象で、**「相手は自分よりも強者」と認識して、相手を攻撃してしまう**のです。

一方、相手から攻撃されると、自分が「強者」のほうであることに納得がいきません。攻撃してくるほうが強者で、攻撃されるほうが弱者だと思っているからです。

そうはいっても、攻撃してくるほうは心に余裕がないため「弱者」の立場になっており、相手を「強者」とみなして攻撃しているので、結局は堂々めぐりなのです。

「良かれと思って」を武器に攻撃してくる人たち

心に余裕がない人とは違うパターンで攻撃してくるのが、「**良かれと思って**」という人たちです。

「**あなたのためを思って……**」という枕詞がつく小言はすべて、相手に「攻撃」と受けとられてしまいます。

たとえば、お姑さんがお嫁さんに対して、「あなたのために言ってあげているのよ」ということは、お嫁さんはすべて攻撃と受けとってしまうのですが、お姑さんにはその自覚がまったくありません。

「あなたたちの将来のことを考えて」と親切心で言っているつもりなのですが、このメッセージの裏には「自分が大切に育ててきた息子を守る」という意図があります。**自分の子どもを守ろうとする母性行動は、子ども以外に対して、すべてが攻撃的になってしまう傾向がある**のです。

職場で社長が「お客さまのためを思って……」と従業員に注意するときも、母性行動と同じような仕組みで攻撃しています。

母親にしても社長にしても、「大切なものを守るためには手段を選ばない」という強い思いが言動にあらわれ、意図せず攻撃的になって相手を傷つけてしまうのです。

また、「会社のためを思って……」というのも同じで、本人は会社のために職場の仲間にはたらきかけているつもりが、周りの人たちからすればいい迷惑だったり、押しつけがましいと思っていたりするものです。

「攻撃」をするための武器やパターンはさまざまあり、それらを知ることで攻撃してくる相手とうまく距離をとることができるようになるでしょう。

また、単に「相手を支配したい」という欲望で攻撃的になっている人もたくさんいます。相手を攻撃して精神的にダメージを与え、支配することで力を得たい、という動機を持った人たちです。

相手を支配したい人に遭遇する確率は、グループの人数が増えれば増えるほど高くなります。

自分のために平気で他人を利用する人の割合は、１００人中およそ3人といわれていますが、いやいや、実際は30人くらいいるでしょう。10人中3人はいるかもしれないということがわかれば、利用されないように心構えができるというものです。

相手を攻撃して従わせようという人に対しても同じように、対策を講じることができます。

相手を支配したい人であることがわかったら、相手との距離をあけて、つき合い方を変えること。

そうです、相手がどんなタイプの人であるかをきちんと把握できると、**自然と相手と「適度な距離感」でつき合うことができるようになり、人間関係に悩まされることがなくなって自由になれる**のです。

私が人に大切にされないのはどうして？

「イヤな人」に注目してしまう理由

幼少期に母親に温かく抱きしめてもらった体験を、**「アタッチメント」（愛着）**といいます。

アタッチメントがある人は「快」の感情に注目するため、自分を大切にしてくれる人を大切にすることができるようになります。そして自然と、自分を傷つける人には注目しなくなります。

一方、アタッチメントがない人は「不快」の感情に注目するため、自分を大切にしてくれる人を遠ざけ、自分を傷つける人に注目してしまうようになります。

アタッチメントがない人が心の中で感じているのは、たとえば「お兄ちゃんはお母さんに大切にされていたけれど、妹の私は邪険にされていた」という不快感です。

これは**子どものころから「母親と通じ合えない」という体験が重なった状況**です。

この場合も、アタッチメントがなかったことになると私は考えています。

アタッチメントがない人は、**「自分を大切にしてくれる人を遠ざける」「自分を傷つける人に注目する」ため、どんなときもイヤな人に意識が向いてしまいます。**

そして、先ほどもお伝えしたように、本人はうまく「いい人」を演じているつもりでも、気づかないうちに不快に思う気持ちが表情や態度に露骨にあらわれてしまうため、相手はそれに反応してその人を目の敵にします。

アタッチメントがある人、つまり普通の人は「イヤな人のことなんか気にしなければいいのに」と思うのですが、アタッチメントがない人にはそれがむずかしいうえ、イヤな人を気にしないようにすればするほど、ますますイヤな人から目が離せなくなるのです。

「アタッチメントがない」ことに気づけばそれでよし

アタッチメントがない人は、みずからイヤな人を生み出しているのでしょうか。

いえいえ、そうではありません。どこにだってイヤな人は必ずいるものです。

ただし、アタッチメントがある人はイヤな人に注目することなく、自分を大切にしてくれる人にだけ意識が向くため、イヤな人がそばにいてもこれっぽっちも気にせず能天気でいられます。イヤな人もイヤな部分を全面に出すことなく、鳴りを潜めています。

片やアタッチメントがない人はイヤな人にばかり注目してしまい、不快感がからだからあふれ出し、イヤな人はそれに対抗してイヤな部分を全開にするのです。

このとき、**「自分にはアタッチメントがなかったから、不快にさせる人が気になってしまうんだ」と気づくことが大切**です。

アタッチメントがないのは、母親や祖母に至るまで代々続いてきたもので、この連鎖を断ち切ることはむずかしいのが現実です。

しかし、**アタッチメントがないことに気づくだけで、自分を大切にしてくれる人を大切にすることができるようになっていきます。**

たったひとつ気づきを得るだけで、人は変わることができるのです。

人が集まれば必ず「イヤな人」が攻撃してくる

グループができれば、その中に必ずイヤな人がいます。

また、人が集まると必ずお互いを比較し合います。すると、ほかの人と比べて「自分は弱者だ」と錯覚し、メンバーを「強者」に見立てて攻撃する人が出てきます。

たとえば、周りの人と自分を比べて「自分のほうが能力が高い」と判断すると、優劣の錯覚を起こします。「みんなは恵まれている」と勝手に思い込み、そうではない自分を「弱者」の立場に置いて攻撃しだします。

メンバーの学歴や仕事、パートナーの収入など、ほかの人たちの「恵まれている部分」を探して「強者」に見立て、「私のほうが優れているのに恵まれていないんだから、みんなに嫌味のひとつくらい言ってもいいよね」と攻撃するのです。

グループに所属すると、おのずとそれぞれが「役割」を演じることになります。

誰かが必ずリーダー役になり、その役割を演じれば演じるほど、その人はグループへの思い入れを強め、母性行動と同じような仕組みでメンバーを攻撃してしまうことがあります。グループの秩序を守ろうとする責任感がある人が、母性行動をバリバリに発揮して攻撃してくることもあるのです。

職場の場合、上司がパワハラ的な発言で攻撃してくることがあるでしょう。

趣味のサークルの場合、自分は好きなときに趣味を楽しみたいのに、リーダー的な人が参加を強要してくることだってあるでしょう。

このように、**グループになると人は「役割」を演じなければならなくなり、どうしてもイヤな人ができてしまう**のです。

こんなイヤな人たちの特徴をきちんと押さえれば、相手と距離をあけることができるようになり、落ち着いて相手の出方を見ることができるでしょう。

PART 2

あなたを困らせる「イヤな人」はこんな動物たち!!

あなたの周りにいる「イヤな人」を7タイプの動物に分類!!

animal type

「イヤな人」を「違う生き物」だと思って観察してみよう

「イヤな人にふり回されたくない!」と思っていても、そううまくはいきませんよね。

先ほどお伝えしたように、イヤな人にふり回されないのはアタッチメントがあった人です。

では、アタッチメントがなかった人がふり回されないようにするためには、どうすればいいのでしょう。

それは、**イヤな人がどんなタイプの人なのかをよく観察する**こと。

相手の気持ちを考えるのではなく、相手の「行動」を客観的に眺めてみることです。

他人を客観視することで、**「自分とは違うんだ」という気づき**が生まれます。

そこで、イヤな人を動物にたとえてみるといいでしょう。

ここでは7タイプの動物たちを例にとって、それぞれの行動を観察してみます。

動物園で柵越しに動物を眺めるように、イヤな人たちをよくよく観察してみると、自分とはまったく「違う生き物」のように見えてくるでしょう。

そうです、**あなたとは思考も行動もまったく異なる動物が周りにうじゃうじゃいる**のです。

ここで挙げる7タイプ以外のイヤな人に遭遇したときは、自分が思う印象でかまいませんので、「この人はキツネだな」「あの人はワニかも」などと、いろんな動物にたとえてみましょう。

そして、**ひたすら「観察」する**こと。

その人の「行動」に注目し、相手を客観的に見て「自分とは違う」ことに気づくと、「イヤだ」と思う気持ちから解放されるでしょう。

あれこれ事情聴取しまくる ハゲタカさん

なんでもかんでも根掘り葉掘り

ママ友のランチ会で、「おたくのご主人って、いつも何時に帰ってくるの？」「どんな仕事？　役職は？」と遠慮なしにズケズケ聞いてくる人っていませんか？　そこでうやむやに答えると、「ご主人って仕事のこと話さないの？　それって夫婦仲だいじょうぶ？」と言われる始末。「うわっ！」と引いてしまいますよね。自分としては、疲れて帰ってきた夫に仕事の話をさせるのがイヤで……といった話をすると、「ええ～！　そんなにご主人に気を遣っているの？　かなり神経質な人なんだね～」とモラハラ夫であるかのように決めつけられたので、思わずムカッときてしまいました。家庭の事情をあれこれ詮索しないでほしいんですけど!!（30代女性）

こんなふうに、普通の人が聞かないようなことまで**根掘り葉掘り質問する人は、事情聴取が大好きな〝ハゲタカ〟タイプ**になります。

ハゲタカは腐肉食動物なので、腐った肉が大好物。そのため、他人の醜態を引きずり出して食い荒らそうとするのです。

「ほらほら、あなたにも腐った部分があるでしょ!」と鋭く尖ったクチバシで人の弱いところを突つき、他人の知られたくない暗く後ろめたい部分をズルズルと引き出そうとします。

あなたが精神的に弱っているときもおかまいなしに、突つきまくっては**人の弱みを引きずり出し、それをエサにして生きている**のです。

うっかり醜態をさらしてしまうと、ハゲタカさんたちは仲間といっしょになって、その腐った部分を徹底的に食い荒らします。こうして弱った人から醜態を十分に引きずり出すと、ハゲタカさんはおなかいっぱいになって満足し、しばらくは関わってきません。

引きずり出した他人の醜悪なゴシップを家に持ち帰り、家族におすそわけするのもハゲタカタイプの人たちの特徴。ハゲタカさんの家族も同じように、他人の醜態が大好物なのです。

人の「恥」や「罪悪感」を消化してくれる

ハゲタカの胃酸は腐食性が極めて高く、感染すると致死率が高い細菌や猛毒におかされた動物の死がいも難なく消化して、安全な環境をつくってくれています。

ハゲタカさんは強力なメンタルの持ち主で、細菌や猛毒のように人に害をおよぼす醜態も消化してしまいます。

人の害になるのは、**醜態にまつわる「恥」や「罪悪感」**です。

心の中に恥ずかしいと思う感情や罪の意識があると、人の精神はむしばまれていきます。また、他人の醜聞を耳にすると、あまりいい気はしないものです。

ハゲタカさんは、ほかの人が隠し持っている恥や罪悪感を安全に消化することができます。人の醜態をきれいさっぱり食べ尽くし、見事に吸収してしまうのです。

いくら他人に醜態を知られたくなくても心の中に恥や罪悪感があるかぎり、どこかで醜態をさらすはめになります。

ハゲタカさんに突つかれた直後は、図らずも醜態をさらしてしまったことを後悔するでしょう。

ところが、ハゲタカさんは醜態を引きずり出して恥も罪悪感もひっくるめて消化してくれるので、ハゲタカさんに根掘り葉掘り聞かれたあとはどこかスッキリした感じになっていることに気づくでしょう。

ママ友の集まりでご主人のことをあれこれ詮索されたあと、夫婦関係における恥や罪悪感が取り除かれて、「あれ？　今までより夫と気楽に話ができるようになったかも」と感じることがあるのです。

それは、ハゲタカさんが精神をむしばむ恥や罪悪感を安全に消化してくれたから。

不快な思いと引き換えに、心の中を浄化してくれるのです。

怒られても反省せず何も変わらない人たち

詮索好きのハゲタカさんに、「そんな余計なことまで聞かないでよ！」とあなたがぶちぎれると、ハゲタカタイプの人たちはそのことをほかの人に話して、自分がダメージを受けたようなフリをします。

他人に怒られたり威嚇されたりすると、ハゲタカさんは自分の弱みを見せるようなことをしますが、けっして反省しているわけではありません。単に**自分の気持ちを軽くしたい、その場から逃れたいがために弱みを見せている**だけなのです。

しかも、ハゲタカさんの心の中には恥も罪悪感もないので、自分の醜態をさらしても何ひとつ変わることがありません。

普通の人は、自分の弱みを見せることで信頼関係を築いていくものですが、ハゲタカさんの場合、人の弱みはごちそうでしかありません。

弱みを見せると、そこをどんどん突つかれて食い荒らされてしまうので、わざわざ弱みをさらすことはありません。

ただ、**ハゲタカさんはあなたを陥れようとして弱みを引きずり出そうとしているのではなく、単に人の醜態が大好物なだけ。**みずからハゲタカさんのエサになってあげる必要はないのです。

また、ハゲタカさんが人の醜態を根掘り葉掘り聞き出し、それを周囲に広めたとしても心配ありません。

ハゲタカさんの強力な消化力のおかげで、ほかの人たちは醜態をさらした人の恥や罪悪感に感染することなく、ハゲタカさんのようになってしまうことはありません。

ハゲタカさんの行いはみんなの教訓として活かされるのです。

誰にでも自慢話をしまくる クジャクさん

いつもマウンティングしてくる

職場で同僚が恋人の自慢話ばかりしてくるので、正直困っています。

「彼氏が最近、車を買い替えてさ。あなたの彼氏はどんな車に乗っているの？」と聞かれ、「今、恋人はいないし、そもそも車に興味がないし」と答えると、「週末にドライブするっていいよ～。この前はね～……」と返され、「はあ」と生返事をする私。週明けもまた、「彼氏とケンカしちゃったんだけど、どうしたらいい？」と聞いてくる。「いや、彼氏いないんだって」と伝えても、「だって彼がさあ～……」と人の返事は完全に無視。聞きたくもない話を聞かされ、みじめな気持ちに。最後は「ねえ、うちの彼ってムカつくでしょ？」と言われ、私はあなたにムカついているんですが！（20代女性）

こんなふうに、**自慢話ばかりしてマウンティングしてくる人は〝クジャク〟タイプ**になります。

クジャクのオスには150枚もの飾り羽があり、その鮮やかな羽を扇状に大きく広げて、おのれの美しさをアピールしています。

クジャクさんに羽を広げられると、なんとなくイヤな気持ちになってしまうのは、「私ってすごいでしょ！」とマウンティングされている気分になるから。

ところが、クジャクさんは**自分がほかの人より優れていることをアピールしているわけではない**のです。

クジャクが羽を広げるのは、メスに対して「子孫を残す価値がある優れた個体」であることをアピールするためであり、いわゆる求愛行動です。

一方、クジャクさんが自分のパートナーの自慢話をするのは、「すばらしいパートナーがいる私ってすごいでしょ！」ではなく、「この人（パートナー）は私が尽くす価値がある人なんですよ」とアピールするためなのです。羽の美しさは、「パートナーのすばらしさ」を表しています。

一見すると、「あなたよりも私のほうがすごいでしょ！」とマウンティングしているようでいて、実際は自分に自信がなく、「私のパートナーはすばらしいよね」「私が選んだパートナーは間違っていないよね」と確認したいだけなのです。

モチベーションを保つための自慢話

クジャクタイプの人たちは、なぜ自信がないのでしょう。

それは、自分のパートナーが控えめな人だった場合、クジャクさんは「こんな地味な人に私の人生を捧げてだいじょうぶかな？」と不安になっています。

そのため、みずから羽を広げて**「パートナーのすばらしさ」を周りの人たちにアピールし、みんなにうらやましがられたい**。そして、「自分の人生を捧げてもいい人」だと確信したいのです。

クジャクタイプの人たちはある意味で、無理をして相手に尽くしています。

パートナーはわりと地味な人なので、「私が尽くしている人はすばらしいでしょ！」

と周囲にアピールしてモチベーションを高めなければ、相手に尽くし続けることができません。

恋人に魅力を感じるのははじめのうちだけで、だんだん現実が見えてきて、どんどん熱が冷めていきます。手放しで子どもをかわいいと思えるのは幼児期だけで、思春期にもなると生意気だと思うようになるでしょう。

そんな相手に自分の大切な時間を割いて尽くしていることにむなしさを覚えてしまうと、恋人や子どもの自慢話をして、自分のモチベーションを保とうとするのです。

クジャクさんが「自慢話でマウンティングしてきたな」と思ったら、**モチベーションが下がって自信を失いかけている**のだと、温かい目で見守ってあげましょう。すると、クジャクさんは本性をあらわすようになります。

本来であれば、あえて周囲の嫉妬を買おうだなんて、なんのメリットもありません。しかし、クジャクさんは周りの人たちを嫉妬させ、「私のパートナーはみんなに嫉妬されるくらいすばらしい」のだと思うことでパートナーを思う情熱を高め、相手に尽くし続けるという健気な人なのです。

人の気持ちは伝染するもの

クジャクタイプの人たちはけっして、自信がなかったり、不安を感じたりしているようには見せません。

そのため、周りの人たちはそれと気づかずに、「自慢話でマウンティングして、他人をおとしめたいのだろう」とかん違いして、なんとなくイヤな気持ちにさせられています。

この**なんとなくイヤな気持ちは、実はクジャクさんの気持ち**です。「自分は相手を選び間違えているのかもしれない」というクジャクさんの不安が周りの人たちに伝わっているのです。

クジャクタイプの人たちは羽を広げると派手に見えるため、表面上は不安や自信のなさを感じられません。

ところが、クジャクさんの心の中は不安が渦巻いているため、自慢話をしてマウンティングし、周囲の嫉妬を買って確信を得て、「自分はだいじょうぶ」だと安心したいのです。

その結果、マウンティングされたほうは、クジャクさんから不安や自信のなさをなすりつけられ、なんだかみじめな気持ちになってしまうのです。

ここで、**「この不安や自信のなさは自分のものではなく、相手から伝わってきたもの」**であることに気づくと、気持ちが軽くなるでしょう。

相手が感じている気持ちであると気づくだけで、その人の正体がだんだん見えてきます。

そして、自分が恐れる相手ではない、ということがわかるのです。

イライラして攻撃しまくる ハイエナさん

いつまでもネチネチ小言ばかり

職場の先輩はいつもイライラしていて「ねえ、なんでココがこうなっているの?」と仕事のケアレスミスを指摘してきます。「(ハア)何度も同じことをくり返しているじゃない」と怒られ、「すみません」と平謝りする私。「いつも謝ってばかりじゃない(チッ)」と舌打ちを合図にヒートアップし始めると、先輩の罵声はもう止まりません。「なんで教えたとおりにできないの?(ハア)」「私が間違ったことを教えているみたいじゃない!(チッ)」と猛攻撃。ひたすら謝ることしかできない私に、「謝ってこの場をやりすごそうとしているでしょう!」と追い打ちをかけてきます。最後は「私の時間を二度と無駄にしないでちょうだい!」と怒鳴られ、みんなの前で恥をかかされてばかりいます。(20代女性)

いつもイライラしていて、ため息をついてばかり。舌打ちすることもあって、**いつまでもネチネチと攻撃してくる人は〝ハイエナ〟タイプ**になります。

ハイエナは、ほかの肉食動物が食べ残した残がいをむさぼり食い、強力な頭骨とあごで骨をかみ砕き、強靱な胃袋に吸収します。

ハイエナさんは、ほかの人が気にも留めないケアレスミスを見つけだしては、大げさに指摘します。

どうでもいいミスを見つけると、ミスをした人に勢いよくかみつき、強烈な論破力でどんな言い訳も粉砕します。そして、相手を論破して打ち砕くことで能力をどんどん高め、職場での地位を確立していきます。

小さなミスも見逃さず、ミスをした相手を徹底的に攻撃してやり込め、そのミスから学習して能力を高めていく。そんな貪欲さを持ち合わせているのがハイエナタイプの人たちです。

ハイエナさんが四六時中、イライラしているのは、常に**「このままだと（仕事や会社が）大変なことになるかもしれない」という危機感**があるから。この危機感をほかの人が感じることはありません。
そのため、危機感を感じていない相手に対して、過剰なまでに攻撃的になっているのです。

ハイエナさんは、誰も気にしないようなちょっとしたことを見つけてはかみつき、かみついた人にネチネチと小言を浴びせて、精神的なダメージを与え続けます。

ハイエナタイプの人たちが攻撃するのは、相手に自分と同じ危機感を持ってほしいからではありません。

ハイエナさんが、**「自分の能力が足りない」という飢餓感**を持っているからなのです。

「自分の能力」が足りないせいでイライラする

ハイエナは、ほかの動物が掘った巣穴に住んでいます。巣穴の周りには動物の骨が散乱しており、その骨はハイエナの非常食になっています。

ハイエナさんはよく過去の仕事を自慢しているので、自信があるように思えます。

ハイエナさんが実績を自慢しているときは、過去の栄光をひけらかしているのではなく、「自分のすごさをわからせたい」わけでもありません。「自分の能力が足りない」という飢餓感を埋めるために、**成功体験を「非常食」にしている**だけなのです。

ハイエナタイプの人たちは、「自分は自分のままでいい」と思える同一性が欠けており、「自分はこのままじゃダメだ!」という危機感と、「自分は足りない!」という飢餓感でいつもイライラしています。

そして特に、**自分より下の立場の人たちにかみつく傾向**があります。

また、ハイエナさんは「自分は自分のままでいい」と思えないせいで、周囲のささいなことも大変なことのように捉えてしまいます。

そのため、けっして個人攻撃をしているわけではありません。「個人的に攻撃されている」とハイエナさんを危険視してしまうと、ハイエナさんの危機感が増し、攻撃がエスカレートしていきます。その緊張感から、あなたの適応能力がどんどん落ちてしまい、ハイエナさんの餌食になってしまうのです。

相手の見方を変えると距離がとれる

ハイエナさんたちが集団になったときは、上の立場の人にもかみつくことがあります。リーダー格の人が上の立場の人のミスを見つけだしてネチネチと攻撃し、上から引きずり下ろそうとします。

この行為は「相手の立場を奪う」ことが目的ではなく、これもハイエナタイプ特有の危機感から攻撃して、危機感を取り除こうとしているのです。

ハイエナさんたちは集団になると、**職場の腐敗を一掃する「クリーナー役」**になってくれます。

単独であっても、ハイエナさんの持つ危機感が職場の気のゆるみを正してくれるので、職場の秩序が保たれます。

こうしてハイエナさんのことを「職場の掃除屋さん」と捉えてみると、ネチネチ小言を言うやっかいな人とは思わなくなり、相手と「適度な距離感」を保つことができるようになるでしょう。

ちなみに、ハイエナの分類は「ネコ目」にあたります。

ただ、姿かたちはイヌに似ていていかにも忠誠心がありそうですが、ハイエナさんは会社に対して忠誠心があるから職場を良くしたいのではありません。

会社に縛られ、会社のために行動しているように見えますが、自分の中にある危機感と飢餓感から行動しているだけで、かん違いされやすいのでしょう。

実際はいつも自由で、自分のことで精いっぱいなのです。

危機感や飢餓感でいっぱいのハイエナさんとは、**「見えている世界が違う」ことに気づくと「適度な距離感」でつき合える**ようになり、ハイエナさんの態度も少しずつ変わっていくでしょう。

グチや悪口を言いまくる ブタさん

心の中はいつも不満でいっぱい

同僚が上司の陰口を言ってきたので、とりあえず話を合わせると、「あいつ、本当にムカつくんだよね。仕事もできないくせに、いつもイライラしてばかりいてさ！」「あいつのせいで派遣社員が何人も辞めて、私たちの負担がどんどん増えているじゃない！」と怒り心頭。「まあまあ、確かにそうかもね」となだめても、悪口はどんどんエスカレートしていきます。「あいつを役職者にした会社って、正直終わってない？　あいつが上司になってから転職を考えるようになったから」「でもさ、上司がイヤだからって辞めるのはシャクにさわるから、あいつに嫌がらせしてやろうと思って」とぶっちゃけられてビックリ！　グチや悪口を聞いているだけでも疲れるのに気が滅入ります。（30代男性）

こんなふうに、**いつもグチや悪口ばかり言っている人は〝ブタ〟タイプ**になります。

多くの人が「ブタは汚物にまみれて臭い」というイメージを持っているかもしれませんが、なぜ汚くて臭いと思われているかというと、ブタを管理するブタ小屋側に原因があるからです。

ブタは嗅覚や味覚などの感覚が優れ、本来はきれい好きな動物です。また、雑食なのでエサを調整することができます。環境適応能力も非常に高いのも特徴です。

そのため、汚い場所でひどいエサばかり与えられていると、その環境に見事に適応してしまい、そこら中に汚物をまき散らすようになってしまいます。

ブタは嗅覚と味覚が発達しており、嗅覚はイヌよりも優れているともいわれ多様なニオイを嗅ぎわける能力があり、味覚を感じる部分は人間の3～4倍の大きさがあるといわれています。

文句が多いブタさんですが、実は**職場のちょっとした「異変」や「矛盾」、「腐敗」をその嗅覚で嗅ぎわける**ことができます。

さらに、**いっしょに働いている人の能力を感知する鋭い味覚**を持っています。

ブタさんは、きちんと管理された環境下で能力がある人たちといっしょに仕事をするときは、その優れた感覚を発揮し、仕事をバリバリこなすことができます。

しかし、職場のトップが腐敗していたり、職場の風紀が乱れていたりすると、ブタさんはほかの人にはわからない腐敗臭を見事に嗅ぎわけます。

そして、周囲にトップの悪口をまき散らしたり、延々と職場のグチや文句を言ったりしています。

ブタさんはグチや悪口を言って、みんなの足を引っぱりたいと思っているわけではなく、**職場の腐敗臭を嗅ぎとって、単にその悪環境に適応しているだけ**なのです。

近づきすぎると痛い目にあう!!

そんなブタさんに対して、「悪口が止まらないということは、よっぽど働きづらくてつらいんだ」などと同情しては、大変なことになります。

ブタさんが「こんなひどい職場、もう辞めたい！」とグチを言っているときに、話を真に受けたり、「かわいそう」と同情したりしてそばに近づくと、恐ろしい攻撃を受けかねません。

ブタさんは鼻を低くして落ち込んでいるように見せていますが、うっかり近づいてしまうと、その鼻先を人のまたぐらに突っ込み、頭部を持ち上げながらひねって相手をふっ飛ばしてしまうのです。

これが「しゃくり」という、ブタさんならではの攻撃です。

ブタさんが自分に近づいてきた人に「しゃくり」をするのは本能であって、相手を傷つけるつもりはまったくないのですが、隠れた牙で致命傷を負わせてしまうこともあります。

ブタさんがブーブー言いながら落ち込んでいても、**安易に近づいてなぐさめようとしない**こと。

ブタさんの「しゃくり」を受けて、精神的にダメージを負わされて休職した人は後を絶たないのです。

他人を観察して客観的な情報を得る

ブタには、ヘビの毒におかされないほどのタフさがあり、どんな環境にも適応できる能力があります。

そのため、ブタさんはどんな悪環境であっても適応し、その環境に対して**グチや文句、悪口を言うことを糧にして働き続けることができます。**

グチ・文句・悪口・不平・不満・弱音は、あくまでブタさん好みのエサであって、ほかの人にとってはこれらを口にしたり、人から聞かされたりするだけで、精神的に負担がかかるでしょう。そもそも悪環境に身を置いているだけで、相当ストレスを感じるはずです。

ブタさんからエサを取り上げようとすると、「しゃくり」で攻撃されてしまうので、ブタさんに同情したり、近づいたりするのはやめましょう。

環境がいい方向に変わると、ブタさんはグチや悪口を言わなくなり、テキパキ働くことができます。

ところが、**ブタさんたちは環境適応能力がとても高いため、そもそも環境を変えることを必要としていません。**

また、どんなエサにも順応できるため、また悪環境になっても十分やっていけるのです。

ブタさんがグチや悪口をまき散らしているのを見かけたら、「自分にはわからなくても、今の職場は悪い環境なのかもしれない」と**客観視してみる**といいでしょう。

今ある環境にのめり込みすぎてしまわないように、ブタさんが事前に危険を察知して教えてくれるのです。

そう考えると、ブタさんにグチや文句を聞かされても、少し気持ちがラクになりませんか?

ブタさんには近づきすぎず、「適度な距離感」を保ちながら、職場ともいい感じでつき合っていけるでしょう。

自分をアピールしまくるサルさん

かまってほしくて仕方がない

ハイキングのグループで意気投合した女性と、2人で山登りに出かけたときのこと。「いい眺めだね〜」と山頂から見る景色に私が感動していると、「私はもっといい景色を見たことがあるよ」と彼女が言うので、少しイラッとしました。さらに、「月に4回は山に登っているから、もっといい景色のところを教えてあげるよ」と言われ、「私は今、この景色を満喫してるんだけど……」とポツリ。すると彼女は「立ち止まって風景を眺めるより、歩きながら流れる景色を見るほうが好きなのよね」と言って、さっさと歩き始めました。ハイキングの間、彼女の山登りの体験を延々と聞かされてウンザリ。帰るころにはすばらしい景色のことも忘れ、山に登るたびにこのイヤな思い出がよみがえってきそうです。（40代女性）

自分のことばかりアピールする人や、**いつも自分に注目していてほしい「かまってちゃん」は〝サル〟タイプ**になります。

サルは、順位が高いものが低いものの上に乗っかって優位性を示す「マウンティング」という行為をします。

サルタイプの人たちの場合、マウンティングと同じように人の話に自分の話を上からかぶせ、自分の話題にすり替えてしまいます。

なんでも「私が！　私が！」といった調子でしゃしゃり出てきますが、「私のほうが上！」だとアピールすることが目的ではありません。

実のところ、**「争いを回避したい」という目的があってマウンティングしている**のです。

サルは序列を決めており、下になったサルが上に乗っかってきたサルに対して従順になることで争いが起こらなくなっています。

自分と相手が対等な立場であると争いが起きやすいため、自分がマウンティングで上の立場になり、争いを起こさないようにしようと「私が！　私が！」とアピールしているのです。

話題をかっさらってマウンティングする

そんなサルさんに対して、「私の話に入ってこないで！」と防御すると、サルさんはその防御を巧みにすり抜けて、**話のおいしいところを持っていって、自分のものにしてしまいます。**

そこでサルさんに関係ない話をすると、サルさんは不機嫌になったり、ふてくされた態度をとったりします。それでもめげずに隙を見て、話のおいしいところだけをねらってかっさらい、今まで話していた話題を食い散らかしていきます。

サルさんに話を食い散らかされてしまうと、その話題を持ちだすことに「嫌悪感」や「不快感」を覚えるようになります。

せっかくみんなで楽しく話していたのに、サルさんが自分の話題にすり替えるために、こちらの話をちょっとだけかじって、台無しにしてしまったから。

サルさんに邪険に扱われ、「私の話題なんてどうでもいいってこと!?」と不愉快に感じてしまったからです。

サルさんがかじってポイ捨てにした話なので、サルさんへの不快感とその話題がつながってしまい、「あの話をするの、なんかイヤだなあ」と思ってしまうのです。

サルさんとしては「対等な関係になると争いが起きる」と考えているので、**「自分の話題にする」というマウンティング**をしています。

あくまで「争いを回避したい」から。

ほかの人たちの話題を食い散らかし、自分の話題にすり替えることで優位に立ち、争いを避けようとしているのです。

同情したり優しくしたりするのはNG

人は野生のサルに遭遇すると、「うわ〜、なんてかわいらしい」などと、まるで人間の赤ちゃんを見ているような気分になります。

いくらかわいらしく見えたとしても、野生の動物です。人間の子どもに接するように、お菓子や果物などをあげてしまうと大変なことになります。

野生のサルは味をしめて、「もっとエサをよこせ！」と人間をおそってくるかもしれません。

サルさんに対しても同じことで、「かわいそう」「なんとかしてあげたい」と思って**「優しさ」というエサをあげてしまうと、サルさんはエサをくれた人を自分の仲間だと認識します。**

そして、サルさんの世界で争いが起きないように、「私が！　私が！」とマウンティングされてしまうのです。


サルさんはサルさんの世界の秩序を保っていれば良く、人間はサルさんの世界に関わる必要がありません。

「かわいそう」だとか「なんとかしてあげなきゃ」などという気持ちをサルさんは敏感に察知して、相手にマウンティングしようとします。

誰かにマウンティングされそうだと感じたら、「もしかしたら、この人はサルさんかも」と疑ってみること。そして、**「この人は普通の人とは違うんだ」と思うことが**

とても大切です。

すると、サルさんを遠くから観察できるようになり、「適度な距離感」を保つことができます。近寄りさえしなければ、マウンティングされる心配もありません。

サルタイプの人であることがわかって観察してみると、サルさんが野生的で観察眼が鋭く、賢いことがよくわかります。

また、サルさんが攻撃的なのは、自分の身を守るための本能であることもわかってきます。

遠目に見ることでサルさんと「適度な距離感」を保てるようになり、サルさんの世界やその生態をおもしろいものだと思えてくるでしょう。

常に価値観が変わりまくる
カメレオンさん
どんどん話がかみ合わなくなる

子どものころからずっと仲良し。音楽や映画、ゲームなどの趣味も同じで、いっしょにいると楽しい人。そんな幼なじみと毎回、会えることが楽しみでした。お互い別の高校に進学し、久しぶりに再会したときのこと。「あれ？　ちょっと雰囲気が変わったみたい」と思いました。その後、またしばらくしてから会うと、今度は自己啓発にはまっているようで、どうもその影響を受けている様子。私と話をしていても心ここにあらずといった感じです。このとき、幼なじみは自己啓発セミナーで学んだことを私にも教えてくれようとしたのですが、ちょっと怪しげで信用なりませんでした。なんだか話もかみ合わず、私が知っている幼なじみとは違う人のようで、価値観のズレを感じて悲しくなりました。（30代男性）

会うたびに印象が変わり、話もかみ合わなくなって、**自分の価値観とズレていっているように感じてしまう人は〝カメレオン〟タイプ**になります。

カメレオンは体温調整や感情表現のために、からだの色を瞬時に変えることができます。

色が変わるとその場の風景に溶け込み、カメレオンの姿を見つけることがむずかしくなります。こうして敵から隠れて身を守ったり、獲物に近づいたりするために相手の目をくらませることを、「カモフラージュ」と呼びます。

カメレオンさんは、自分が所属しているグループの人たちやつき合いがある人たちに見事に溶け込み、**その場の環境に適応して、ほかの人の色にぴったり合わせる能力**を持っています。

子どものころはカメレオンさんと「自分の価値観が合っていた」と思っていたのは、もしかしたらカメレオンさんが「その場の環境に適応していた」だけで、そのときはあなたの価値観に合わせていた可能性もあるのです。

そのため、「あれ？　以前会ったときとはまるで別人みたい」という印象を受けることがあるでしょう。

また、多くの人が正しいか間違っているか、白か黒かで物事を判断して身のふり方を決めるところを、カメレオンさんの場合は二択ではなく、あらゆる種類の価値観に合わせて判断することができます。

このように、**カメレオンさんは柔軟に物事を捉えることができて、いつでも誰かの価値観に合わせることができる**のです。

価値観が変わるのはあたり前

カメレオンはからだの色を環境に合わせて変化させ、その場の風景に溶け込んでカモフラージュし、長い舌で動いている獲物を捕食しています。

また、葉っぱの表面をつたって流れ落ちてくる朝露を長い舌を使って捕らえ、水分を補給します。

カメレオンさんがその場の環境に見事に適応できるのは、**常に「トレンドを追う」という性質**を持っているから。

流行は常に変化し動き続けています。つまり、カメレオンさんは「動いているもの」にしか興味がないのです。

そのため、動いていない獲物には食いつかないカメレオンのように、流行が過ぎてしまって誰も見向きもしなくなったものは眼中にありません。

「動いているものは新鮮である」というのが、カメレオンさんならではのものの見方なのです。

同じように、過去の価値観もカメレオンさんにとっては「動いていないもの」に見えるので、見向きもしなくなるのは当然でしょう。

また、両目をそれぞれ別の方向にキョロキョロと動かすことができるカメレオンのように、トレンドを追いかけるためにさまざまなジャンルに興味を持って、いつも目を向けています。

最先端の流行を追いかけ、どんなグループにも身を染めて順応していけるからこそ、過去と現在のカメレオンさんの価値観はまったく異なるのです。

流行に合わせてコロコロ変わる価値観

かつてカメレオンさんとつき合っていた人たちは、いつの間にか「相手にされなくなった」と感じてしまうことがあります。

ただ、カメレオンさんとしては相手に飽きてしまったり、相手を見捨てたりしたわけではありません。

カメレオンの性質同様、単に「**動いているものしか認識できない**」というだけ。動いているものには興味が湧くけれど、それが**止まってしまうと途端に興味を失ってしまう**のです。

カメレオンさんの興味や価値観は、流行が移り変わるたびに変わっていきます。

次から次へと新たな価値観を持ったとしても、以前持っていた価値観を否定しているわけではありません。

先ほど説明したように、カメレオンさんは単に**「動いていないもの」＝「過去の価値観」に注目することができない**だけ。

そうです、カメレオンさんは「こっちの価値観は正しくて、あっちの価値観は間違っている」などと判断して価値観を変えるのではなく、その場の環境に適応して、周りの人たちの価値観に合わせているだけなのです。

また、動いているものしか認識できない性質から、周りの人たちには「トレンドにしか興味を持てない」と見えているだけなのです。

「心がない」だとか「節操がない」のではなく、「動いている新鮮なものしか認識できない」という特徴を持って生きているのが、カメレオンさんなのです。

価値観を押しつけまくる
ライオンさん
自分の主張を押しとおそうとする

親戚と顔を合わせると、いつも「子どもはまだなの？」と聞かれます。あまり突っ込まれたくない話なので返答に困っていると、「あら、まだなの？　のんびりしていたらダメよ。子どもは早いうちに産んだほうがいいんだから」と言われ、気まずい思いをしています。

そんな私を見て、「産むのはいつだっていいのよ。でもね、子育てには体力が必要なんだから歳をとってからじゃあ……」と自分の価値観を押しつけることをやめてくれません。「仕事のことがあるし、タイミングとかもあるから」と伝えると、「あなたたちはいいかもしれないけれど、子どもがかわいそうでしょ！」と怒られる始末。あまりに押しつけがましくて、もうヘトヘトです。（30代女性）

なんやかんやと**価値観を押しつけてくる人は〝ライオン〟タイプ**になります。「自分は絶対に正しい！」と信じて疑わず、相手の気持ちも考えずに、ぐいぐいと主張してきます。

そんなライオンさんの正体を見抜くことができないと、精神的にダメージを受け続けてヘトヘトになってしまうでしょう。

ライオンの分類は「ネコ科」にあたります。社会性があり集団をつくって生活しているため、人間と同じところがあるように思えますが、それは大きなかん違い。

ライオンは、大人のメスが集団で狩りを行い、捕らえた獲物は群れのリーダーであるオスが独占します。ほかのオスにはわけ与えない、という独特の決まりもあります。メスがエサを食べるときに十分に量がある場合は、子どもたちにもわけ与えます。量が少ない場合は、子どもに与えることはしません。

また、メスは狩りに出かけると子どもたちを24時間放置することがあり、獲物が少ないときは育児放棄します。

オスは2～3歳で成熟したとみなされ、「プライド」と呼ばれる群れから去らなければなりません。メスはプライドの中に残ることができますが、メス同士はすべて血縁関係にあり、それ以外のメスを受け入れることはしません。

群れを離れたオスは、ほかの群れのリーダーと決闘をして勝たなければ、自分のプライドを持つことができません。たとえプライドを獲得しても、戦いで傷ついたり、老いて体力がなくなったりすれば、ほかの若いオスとの戦いに敗れることもあり、プライドを去ることになります。

このように、**ライオンの社会性と人間の社会性とは、似て非なるもの**なのです。

大変な思いをしてきたことを認めてほしいだけ

自分の価値観を押しつけてくるライオンさんは、「自分は絶対に正しい！」という思い込みでマウンティングしているのでしょうか。実は、それは少し違います。

「自分が正しい」という価値観ではなく、サバンナを生きるライオンのように**「私は過酷な環境を生き延びてきた」というプライド**があるのです。

ライオンと人間の社会性が違うように、自分は過酷な世界に身を置いてきたけれど、ほかの人たちは自分よりもゆるい世界で生きてきた、と思っているのです。

このプライドがあるため、過酷な経験から「こうしたほうがいい」とアドバイスしているのであって、けっして価値観を押しつけているのではありません。

ライオンさんは、自分の価値観に従ってほしいわけではなく、**過酷な環境を生き延びてきたことをわかってもらいたい**だけなのです。

ライオンさんに価値観を押しつけられたと思って、「それは違うと思います」「それには従えません」と反発すると、ライオンさんの過酷な経験に基づいたアドバイスを否定し、そのプライドを傷つけることになってしまいます。

ライオンさんはプライドを傷つけられると、さらに主張を強めてきます。

これまで過酷な環境であったことをわかってほしい、その環境を生き延びてきたことを認めてほしい、というのがライオンさんの本音。

たったひと言、**「大変だったんですね」と労ってほしい**。ただそれだけなのです。

「柵越し」の距離がちょうどいい

ライオンの世界では戦いに敗れれば、自分の居場所を失ってしまいます。

そのため、ライオンさんたちはいつも負けが許されない状況にあり、過酷な環境で生き延びてきた者同士で争って、たくさん傷ついてきたことでしょう。

ライオンさんの社会性と自分（人間）の社会性の違いを理解し、人間の視点から、ライオンさんがまったく異なる世界で争いながらも生き延びてきたことに、「大変だったんですね」と声をかける。

すると、ライオンさんは自分の主張をぐいぐい押しつけてこなくなり、ヘトヘトになって疲れてしまうことがなくなります。

ライオンさんの生態を理解し、「**心にたくさん傷を負いながら、今までがんばって生きてきたんだな**」と思えるようになると、関係性が変わっていきます。

動物園のライオンを柵越しに見るように、相手と「適度な距離感」を保てるようになって、その勇姿を眺めることができるようになるでしょう。

PART 3

動物タイプ別「イヤな人」を遠ざける方法

事情聴取しまくるハゲタカさんとは

求めていることが違うので距離を置くべし

相手の立場を想像したり期待したりしてはダメ

ハゲタカさんは、鋭い観察眼と優れた分析能力、高い情報収集力があります。

そのため、「なんとなくイヤだな」と思っていても、ハゲタカさんから貴重な意見やアドバイスがもらえることを期待して、つい自分から近づいてしまいます。

しかも、情報の引き出し方もうまいため、いろいろ打ち明けてしまいます。

自分がハゲタカさんの立場だったら、鋭い観察眼で困っている人を察知し、その人の助けになってあげようと思ってすぐに飛んでいくだろう。親身になって相談に乗り、的確なアドバイスを与えてあげようとするだろう。

そんなふうに**「自分が相手の立場だったら」と勝手に想像し、相手に期待して近づいている**のです。

実際、ハゲタカさんに根掘り葉掘り聞かれた後に「うわ〜、なんであんなことまで話しちゃったんだろう」とイヤな気持ちになるのは、自分が期待していたこととは違っていたから。

自分の恥や罪悪感をさらしてイヤな思いや苦しい気持ちをわかってほしいと思っていたのに、ハゲタカさんは共感して助けてくれるのではなく、根掘り葉掘り聞いて、人間の弱さや醜さを引きずり出してさらすこと自体が目的だったのです。

普通の人は、人の醜態を笑いぐさにするところですが、ハゲタカさんはそうではありません。

ハゲタカさんは人の醜態を仲間とわけ合い、その人のことをバカにして笑っているように見えますが、本当の目的は、**人の恥や罪悪感、弱さや醜さを「浄化する」**ことなのです。

恥や罪悪感、怒りや憎しみを心の中に隠し持っている人は、知らず知らずのうちにどんどん病んでいきます。ハゲタカさんはこれらをすべて手放させ、心を解放することで浄化しようとしているのです。

心の中に隠し持っている負の感情を吐き出してみる

人に知られたくない恥や罪悪感を隠し持っている人は、ハゲタカさんに鋭く尖ったクチバシで突つかれ、根掘り葉掘り聞かれて不快な気持ちにさせられます。

ハゲタカさんとの距離をあけるためには、一度、**自分の心の中にある醜い感情をすべてハゲタカさんに吐き出してしまう**といいでしょう。

ハゲタカさんに自分の恥や罪悪感を包み隠さずさらすと、その人の中に浄化する部分が見あたらなくなり、ハゲタカさんはつまらなくなって去っていきます。

相手の心の中に「弱み」というエサがなくなると、ハゲタカさんは「この人はもう浄化する必要がない」と判断して、その人と距離をあけるようになります。

ただし、恥や罪悪感、怒りや憎しみを隠し持っていることは、人間にとって実はとても大切なことです。

恥や罪悪感があるからこそ、人に親切にしたり、優しくなれたりします。

たとえば、パートナーに後ろめたさがあると、優しくできるのもそうでしょう。

また、怒りとか憎しみは人の想像力をはたらかせ、行動するための原動力にもなります。

浄化されたくない人はキッパリ断るべし!!

心の中に隠し持っている負の感情をすべて吐き出し、それが浄化されてしまうと、悟りを開いた状態になります。

そうなると、想像力や行動力の源が失われ、もはや普通の人と同じようには生きられなくなるでしょう。

別に悟りを開きたいわけではないし、普通に生きられないのはイヤだから、ハゲタカさんに突つかれたくないのです。

ハゲタカさんが根掘り葉掘り聞いてくるのは、人を助けるためでも人を笑いものにするためでもなく、**「負の感情を吐き出させて浄化するため」**だということがわかれば、自分からハゲタカさんに近づくことはなくなるでしょう。

ハゲタカさんが根掘り葉掘り聞いてきても、「私は浄化してもらわなくて結構です！」と勧誘を断るときのようにキッパリと意思表示をすることができて、自然と距離をあけることができるようになります。


もちろん、「ハゲタカさんに浄化してもらってラクになりたい」と思う人は、ハゲタカさんにすべてを吐き出してみるのもいいでしょう。

ハゲタカさんが自分に興味を失って去っていったら、心の中が浄化されたサインになるのです。

ただし、ハゲタカさんに醜態をさらせば、不快な思いをしたり後悔したり、話した後にイヤな感覚が残ることは覚悟しておきましょう。

自慢話をしまくるクジャクさんは柵越しに広げた羽を観察するべし

「私を好きになって！」というマウンティング

クジャクさんに自慢話をされるとなぜ、イヤな気分になるのでしょう？

普通は、自慢話をすることで「あなたよりも私のほうがすごいでしょ！」とマウンティングしてくるため、イヤな気分になるものです。

一方、クジャクさんが自慢話でマウンティングしてくると、意外なところでイヤな気分にさせられます。

その理由は、クジャクさんが羽を広げる行為が「求愛行動」だから。

クジャクさんは自慢話をして**「こんなにすばらしい私を好きになって！」とアピー**

ルしてくるので、迫られたほうは不快な気分になるのです。

クジャクさんが自慢話をして自分を「派手」に見せようとするのは、「ありのままの自分」がみんなに好かれるはずがない、と思っているから。

そのため、「私ってすごいでしょ！」とわざわざ羽を広げて見せびらかす必要があるのです。

自慢話に合わせているとストレスが爆発する

クジャクさんの心の中は不安でいっぱいで、「地味」だと思っている自分に自信がありません。「こんな私で本当にだいじょうぶ？」と、いつも不安に思っています。

クジャクさんの自慢話を聞かされているほうは、その不安が伝わってくるので、心の中でものすごくツッコミを入れたくなります。

たとえば、「彼氏が新しい車を買ったんだ〜」と自慢され、「この人の彼氏、今求職中じゃなかった？」と突っ込みたくなるのを我慢して、「彼氏さん、お金持ちだね～！」とほめてあげる。

「子どもが志望校に受かったの～」と自慢され、「おたくのお子さん、相当やつれているけどだいじょうぶ？」と心の中でツッコミを入れつつ、「うらやましい～！」とお世辞を言ってあげる。これを**「主体性の感覚」**といいます。

「主体性の感覚」とは、ツッコミどころ満載の自慢話を聞かされても、**あえて本音を言わずに相手に気持ちよく話を合わせてあげる**、といった感覚です。

ツッコミを入れるとクジャクさんのプライドを傷つけてしまうため、あえて突っ込まずに、クジャクさんのメンツを立ててあげているのです。

そのため、「黙って話を聞いてあげているのに、得意げになっちゃって！」とイライラして、イヤな気分になります。

「あえてクジャクさんの鼻を折らず、プライドを保たせてあげているのに！」というストレスを抱えてしまうので、自慢しまくるクジャクさんをイヤな人だと思うようになるのです。

自分が感じているものはすべて相手が発信している

自慢話を聞かされるほうは、クジャクさんが自慢げに広げる羽を「むしり取ってやりたい！」という衝動にかられるけれど、それをあえてしない、というストレスを抱えています。

動物園のクジャクは柵の中にいるので、追いかけ回して羽をむしり取ることはできません。そもそもクジャクの飾り羽は季節もので、繁殖期を過ぎると自然に抜け落ちてしまいます。

クジャクさんの飾り羽も同じように、不安で何度も羽を広げているうちに、美しく見せていた羽が1本、また1本と抜け落ちていきます。

その様子を**柵越しに眺めていればいい**のです。

ここで言う「柵」は「**感情伝染**」のことで、「**人の話を聞いているときに自分が感じている感情や感覚は、すべて相手から伝わってくるもの**」であるということです。

つまり、イヤな気分になったり不安になったりするのはすべて、「クジャクさんが感じていることが自分の心に伝わってきているだけ」だと気づくことが大切なのです。この「柵」をつくることで、クジャクさんを柵越しに見て、冷静に観察することができるようになります。

また、クジャクさんから伝わってきた不安や劣等感を自分のものと捉え、みずから柵の中に入ってしまう、というのもありだと思います。

柵の中に入っても、クジャクさんの羽を「むしり取ってやりたい！」という衝動を抑えて相手に合わせてあげるのも、ひとつの関わり方かもしれません。

イライラして攻撃しまくる
ハイエナさんは
「己の鏡」として見るべし

「ありのままの自分」を認められない

ハイエナさんが小言を言ったり舌打ちしたりするのは、弱いものいじめをしているわけでも、自己顕示欲をあらわにしているわけでもありません。

ハイエナさんがいつもイライラして人にあたり散らしているように見える理由は、ハイエナさん自身が**「自分は自分のままでいい」という同一性に問題を抱えている**からです。

自信満々そうに見えて弁が立つハイエナさん。その内面は実のところ、「自分はこのままじゃダメだ！」という危機感と、「自分の能力が足りない！」という飢餓感にさいなまれています。

子どものころからほめられて育った人は、自分のことも他人のことも認めることができて、自分も他人もほめてあげられるようになります。

一方、いろんな人にダメ出しされてばかりで、誰にもかまってもらえずに育った人は、自分のことも他人のことも認めることができません。当然、ほめることもできず、人のあら探しばかりするようになってしまうのです。

誰かにほめられたい、誰かに認めてもらいたいと、人の愛情に飢えているのがハイエナさんなのです。

ちなみに、愛情を与えればハイエナさんが変わるかというと、そんなことはありません。「愛情」というエサをあげようとしてハイエナさんに近づこうものなら、勢いよくかみつかれてケガをするだけ。

そんな飢えているケモノのそばにいたら危険です。

みずから「か弱い動物」になるせいで狙われる

実は、ハイエナさんが攻撃してくるタイプの人と、まったく近づかないタイプの人がいます。

その違いは、「自分は自分のままでいい」という同一性があるかどうか。

ハイエナさんに攻撃される人は、「自分は自分のままでいい」と思えない人で、ハイエナさんと同じように自分のことを認められず、「私はなんて醜いのだろう」と心の片隅で悩んでいます。

同一性があるかどうかは、子どものころに人にほめられたことがあるかどうか。

ほめられてこなかった人は、**心の中に「愛情に飢えた醜いケモノ」が潜んでいる**かもしれません。

ハイエナさんを見たときに「なんて醜い人！」と不快に思うのは、自分の中にも同じ「醜さ」を隠し持っているから。自分の心の中にも棲んでいる「愛情に飢えた醜いケモノ」を表に出して、みんなから嫌われたくないからです。

そして、飢えたケモノが外に出てこないように、**ハイエナさんのことを反面教師にして「か弱い動物」を演じます。**

ハイエナさんがため息や舌打ちをしてネチネチ小言を言って攻撃してくると、「すみません、私は何もできません」と「か弱い動物」になってしまう。ハイエナさんのことが醜く見えれば見えるほどその逆を演じてしまい、ハイエナさんに狙われる「か弱い動物」になってしまうのです。

そのため、ハイエナさんに指示されたことに従えなかったり、指示されたことと真逆なことをやったりして、ますますハイエナさんをイラ立たせてしまいます。

ハイエナさんのことを醜い存在にすれば、自分は「か弱い動物」になれて、周りの人たちには嫌われずにすみます。

一方で、自分の中の醜いケモノや、みんなから嫌われたくないという恐怖心は心の奥底に隠して、見ないフリをし続けます。

それは、**自分の中にある「醜さ」に目を向けたくない**からです。

自分の中の「醜さ」を認めることが大事

では、ハイエナさんとはどのように距離をとればいいのでしょうか。

「愛情に飢えた醜いケモノ」というのが、ひとつポイントになります。

ハイエナさんとの距離をあけるためには、**「自分も醜いケモノを飼っている」のだと気づく**ことです。そう思ってハイエナさんを眺めてみると、不思議とハイエナさんは攻撃してこなくなります。

なぜなら、自分の心の中に棲む醜いケモノの存在を認めてしまえば、もう「か弱い動物」を演じる必要がなくなるからです。

動物園で檻の外からハイエナの群れを眺めるように、「私にもあんな醜い部分があるんだな～」と客観的に見ることができるようになると、ハイエナさんと距離をとることができるようになり、身の安全を保ちながら自由になることができるでしょう。

グチや悪口を言いまくるブタさんには「たくましさ」を見習うべし

グチや悪口を言っている人へのアドバイスは無駄

いつもグチや悪口ばかり言って、周りの人たちをイヤな気分にさせるブタさん。

ブタさんのグチや悪口を聞かされると、なぜ不快な思いをするのでしょう。

たとえば、インターネットの世界は人の悪口や文句であふれています。それを見る人が大勢いるということは、多くの人にとってグチや悪口は大好物だということ。

ところが、ブタさんにグチや悪口を聞かされっぱなしでいると、「なんで私がこの人の感情のゴミ箱なんかにならなきゃいけないの！」と不快感がつのってきます。

それは、ブタさんが不平不満を直接本人にぶつける力がなく、自分がその怒りのはけ口にされていると感じるから。

また、ブタさんのグチや悪口を聞かされてストレスを感じるのは、ブタさんが自分で自分のストレスをコントロールしようとしないから。

ストレスを回避するためにアドバイスをしても、ブタさんは「でもさあ」「だってさあ」といった感じで結局、いつまでたっても行動しません。

方法や対策があるのに、いつまでもグチや悪口ばかり聞かされ続けると、自分が直接ストレスを受けるよりも、ずっとつらく感じるのです。


そうです、グチや悪口ばかりのブタさんが「ストレスを感じている」のだと思って助けようとしても、**ブタさんはけっしてその助け舟には乗らず、延々とグチや悪口を言い続ける**のです。

ブタさんの苦しみを聞かされ続けてモヤモヤ。その苦しみから助けてあげようと思ったのに、気持ちを踏みにじられてイライラ。こうしてブタさんに対するストレスがたまっていきます。

グチや悪口を言って自分の隠れた能力をアピール!!

ここで多くの人が、ブタさんは自分で問題を解決できない「弱者」である、とかん違いしてしまいます。

ブタさんは相手に直接文句を言えず、陰で悪口を言うしかないのだろう。問題解決能力が低いから、行動できずにグチばかり言っているのだろう。そう思ってしまうのは大きな間違いです。

実はブタさんはものすごい能力を隠し持っていて、問題解決能力も戦闘能力も抜群に高いのです。

ブタさんがグチを言うのは、「私は誰よりも優れた能力を持っている」と言っているだけ。誰かの悪口を言っているときは、「私はあの人よりも優れている」と表現しているだけ。

ブタさんは自分が困っているから文句を言っているわけではなく、**自分に優れた能力があることを、グチや悪口を言いながら表現している**のです。

そうとわかれば、ブタさんのグチや悪口をそのまま受けとらず、正確に意図を汲みとること。ブタさんが上司の悪口を言っていたら、その上司よりもブタさんのほうが優秀であると言いたいだけなのです。

ちなみに、ブタさんはその鋭い味覚で人の能力を察知できるため、ブタさんの単なる独りよがりではありません。

ブタさんが自分の能力をアピールしていることに気づけば、ストレスを感じなくなるでしょう。

隠し持っている能力や美しさに注目する

ブタさんはなぜ、優れた問題解決能力を使わないのでしょう。

それは、「能ある鷹は爪を隠す」から。

ブタさんはグチや悪口ばかり言って品がないように思えますが、実は**慎み深さを兼ね備えている人**。グチや悪口は一見、醜いもののように思えますが、その裏には**ブタ**

さんの内に秘めた美しさが隠されています。

ブタさんは、その内面に隠し持っている優れた能力や美しさを見出してくれる人を探し求めています。

そのため、ブタさんがグチや悪口を言っているときに、「この人はすごい能力を持っている」と敬意を持って耳を傾けていると、ブタさんはグチや悪口をやめ、話題が自然と変わってきます。

不機嫌なブタさんに対して、気持ちをなだめてあげようとしたり、ポジティブな方向に意識を向けてあげようとしたりすると、ブタさんは延々とグチと悪口をくり返し、自分のすばらしい内面をアピールし続けます。

そのことに気づいてブタさんとの距離がとれるようになると、「この人はやっぱり弱者ではない」ということも見えてきて、「適度な距離感」を保てるようになり、ブタさんのストレスから解放されて自由になることができるのです。

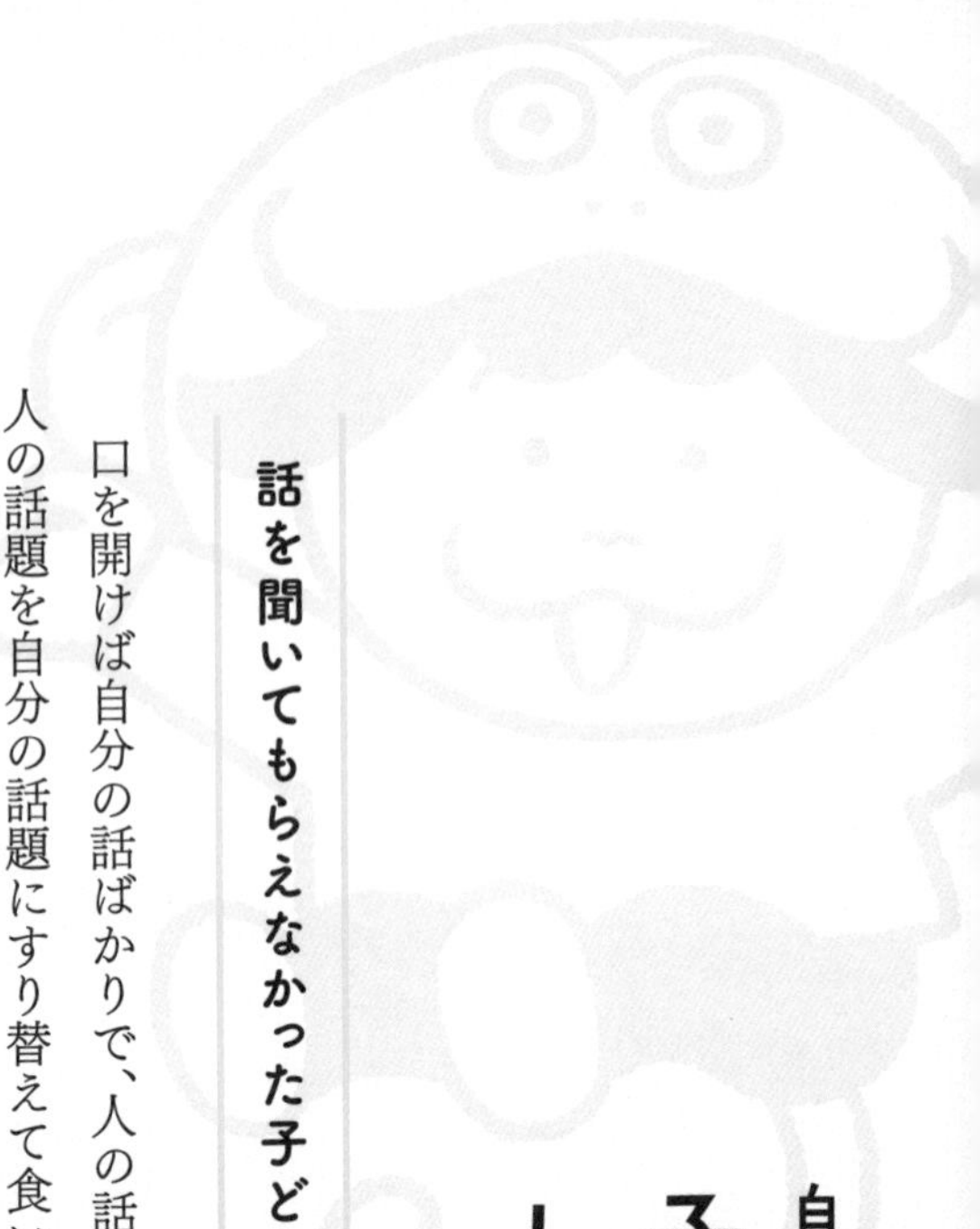

自分をアピールしまくるサルさんは子ども扱いしないようにするべし

話を聞いてもらえなかった子どもは利他的になる

口を開けば自分の話ばかりで、人の話を聞いているようで聞いていない。さらには、人の話題を自分の話題にすり替えて食い散らかす。自分が中心でなければ気がすまない「かまってちゃん」がサルさんです。

「そんな面倒な人とはつき合わなければいい」というのは、もっともな意見。

普通の人は、人の話を聞いていないと思ったら、自然とその人と距離をとります。

そして、「そんな人いたっけ?」といった感じで歯牙にもかけません。

職場にサルさんがいる場合、はじめのうちは仕事だからと割り切って話を聞いてあげて、しばらくの間はサルさんにつき合うでしょう。

しかし、自分にメリットがなければサルさんに対して塩対応になり、そのうちサルさんは近づいてこなくなります。

一方、「うわ！　この人、かまってちゃんだ！」と不快に思いながらも取りつくろって、サルさんとの距離をあけられない人もいます。

そんな人は**子どものころ、親にかまってもらえなかった**可能性があります。

子どもはだいたい8歳ごろまで、「自分が中心」というサルさん状態です。

親に甘えることができなかったり、親に気を遣ってばかりいて話を聞いてもらえなかったり、何を言っても親に頭ごなしに否定されたりすると、「かわいそうな子どもだった自分」という心の傷がついてしまいます。

誰もが6歳前後にいったんサルさんになって、「すごいね！」「よくやったね！」などと大人に興味を持ってもらい、ほめてもらうことでサルさんを卒業し、友達と対等に遊べるようになっていきます。

大人に興味を持ってもらえなかったり、話を聞いてもらえなかったりした子どもは、ほかの子どもとは対等な関係にはなれず、**常に相手のことを中心に考えるようになってしまう**のです。

かまってちゃんの話を聞いてあげようとする心理

そんな子ども時代を送った人がサルさんに出会うと、**大人に話を聞いてもらえなかった「かわいそうな子どもだった自分」**を重ねてしまいます。

そして、自分が親のような立場になり、「サルさんの話をちゃんと聞いてあげなくちゃ！」という義務感が生まれます。

すると、「自分が子どものころは誰も話を聞いてくれなかったのに、どうして私がサルさんの話を聞いてあげなきゃいけないの！」という怒りも湧いてきます。

この義務感も怒りも自覚することはできませんが、サルさんの話を聞いていると、「なんで私はこの人の話を聞かなくちゃいけないんだろう」とモヤモヤするのです。

サルさんの話なんてはじめから聞かなければいいのですが、子どものころの自分とサルさんを重ねてしまうので、心のどこかで「かわいそう」だと思ってしまい、どうしてもまじめに話を聞いてしまいます。

そして、サルさんの話を聞けば聞くほど、話を聞いてもらえなかった自分とサルさんの間に「不平等感」が生まれ、それがストレスになります。

こうして、サルさんと関わるのはものすごく苦痛だけれどやめられない、という悪循環に陥ってしまうのです。

関わらなければ、ただの「風景」になる

もうひとつ気をつけたいのは、**サルさんはあなたが「優しい親」を演じると増長する**、ということです。

あなたが我慢して「優しい親」を演じていると、サルさんはどんどん調子に乗って、あなたを苦しめるようなことをしてきます。

そんなサルさんとの距離のとり方は実に簡単です。

それは、**「かわいそうな子どもだった自分」という心の傷に気づく**ことです。

みんなが相手にしないサルさんを気にしてしまうのは、自分が子どものころに大人に興味を持って話を聞いてほしかったから。そのことに気づくだけでいいのです。

すると、普通の人と同じような感覚で、「どうして私がサルさんの話を聞いてあげなきゃいけないの？」とサルさんを子ども扱いしなくなり、「かわいそう」「なんとかしてあげなきゃ」と思わなくなって、むやみにエサをやらなくなります。


この仕組みに気づくと、「サルはサル」だと思えるようになって、サルさんに子どものころの自分を重ねなくなります。

すると、サルさんにまったく興味がなくなって、「よくいるよね、ああいう人」と普通の人と同じようにスルーすることができるようになります。

サルさんに関わらなくなると、サルさんは**ただの「風景」**になります。

「優しさ」というエサを与えるとサルさんは厄介な存在になりますが、それをしなければただの「風景」になり、サルさんにふり回されなくなって自由になれるのです。

価値観が変わりまくるカメレオンさんは からだの色の変化を 眺めて楽しむべし

昔の友達が変わってしまうのがイヤな理由

会うたびにどんどん印象が変わり、会話や価値観にズレを感じて会うのがイヤになってしまうのがカメレオンさん。

「自分は昔から変わらない」と自負している人は、七変化するカメレオンさんにものすごい違和感を持ってしまうでしょう。

価値観があまり変わらない人はたとえ環境に変化があっても、昔の友達と会ったら意気投合し、楽しかったあのころの感覚に戻ることができて、まるで昨日の出来事のように思えます。

ところが、カメレオンさんは違います。

カメレオンさんはそのときの感覚に戻るどころか、まったく違った価値観を持っていたり、話が全然通じなくなっていたりします。

そのため、カメレオンさんに自分の価値観と「いい思い出」を否定されたように感じて不快な気分になり、会いたくなくなってしまうのです。

他人の変化を柔軟に受け止められる人は、カメレオンさんが変わってしまっていても、それほどショックを受けたり、イヤな気持ちになったりすることはありません。

なぜなら、**カメレオンさん以外にも「通じ合える人」がたくさんいる**から。

仲間の一人が変わってしまっても、通じ合える人がまだほかにたくさんいるので、カメレオンさんの変化を気にも留めません。

一方、通じ合える仲間が少ない人にとって、通じ合えた人の存在は貴重です。

通じ合える人にはそうそう出会えないので、「なんであの人は変わってしまったんだろう？」とカメレオンさんの気持ちを考えてしまい、モヤモヤするのです。

環境に合わせて自分の価値観をどんどん変える

カメレオンさんは「これはいい環境だ」と思うと、見事その色に染まることができます。

そのため、カメレオンさんと話が通じていたのは、自分の価値観と同じだったわけではなく、カメレオンさんが単にその場の価値観にきれいに合わせていただけ。

それなのに、「自分と同じ資質を持っている人」だとかん違いして、カメレオンさんが変わってしまうとショックを受けるのです。

人の価値観はよほどのことがないかぎり劇的に変わることはありませんが、カメレオンさんは別もの。常に流行を追っていて、その時々で環境に適応していきます。

環境が変わると、カメレオンさんは元いた環境の「保護色」でいる必要がなくなります。「保護色」とは、自分の身を守る色のことです。

こうしてカメレオンさんは、**自分が持っている価値観をなんのためらいもなく、まるで脱ぎ捨てるようにあっさりと切り替えてしまう**のです。

柔軟性を身につけて「通じ合える人」を増やすのがカギ

通じ合える人が少ないのは、「自分の価値観を大切にする人」だから。逆もまたしかりで、自分の価値観を大切にしているから、通じ合える人が少ないのです。

カメレオンさんを見ていると、「こんなふうに価値観を変えてもいいんだ！」「価値観って手放してもいいんだ！」と思えるようになって、自分が大切に握りしめていた価値観を簡単に手放すことができるようになります。そして、通じ合える人も増えていくのです。

「なんで変わっちゃったの？」「どうして話が通じなくなったの？」と、**カメレオンさんの変化に対して不快な気分になっているときは「相手に執着している」**ため、カメレオンさんから何も得ることができません。

カメレオンさんをじっくり観察してその色の変化を楽しんでいると、いつの間にかカメレオンさんのような柔軟性が身につきます。

そして、通じ合える人がどんどん増えて、カメレオンさんと適度な距離がとれるようになります。

カメレオンさんが「数少ない通じ合える人」のままでは距離をあけることはできませんが、柔軟性を手に入れて通じ合える人を増やしていくと、カメレオンさんに執着することなく「適度な距離感」を保てるようになります。

すると、いつの間にか「通じ合えたときのいい思い出」となって、自分の中にしまっておくことができます。そしてそれは、いつでも引き出すことができるのです。

カメレオンさんは、時とともに人が変わっていくその様を、身をもって教えてくれます。そして、移り変わる時の中で美しい思い出の一つ一つが大切であって、それはいつでも引き出して楽しむことができるのだと教えてくれます。

時が流れれば人は変わり、その価値観も変わっていきますが、**自分の中の思い出だけは変わることがありません。**

そして、思い出は時が経つにつれて美化され、人生の道を照らす明かりとなってくれるでしょう。

価値観を押しつけまくるライオンさんは「陰の応援団」と思うべし

自分の価値観を受け入れてほしいわけではない

ライオンさんは自己中心的で、自分の価値観を押しつけてきて、それを受け入れないと攻撃的になる厄介な人、と見られがちです。

実際、相手のことなんかおかまいなしに、ライオンさんは自分の経験に基づいて「こうするべきだ！」と自信満々に主張してきます。

ライオンさんに何か言われるたびに「この人、また勝手なことを言って……」とウンザリしてしまうのは、「こっちの状況もわかっていないのに！」という怒りが込み上げてくるから。

また、「自分のことを知りもしないくせに！」「その考えは時代遅れなんだよ！」などと心の中ではライオンさんに反発しているのに、それを相手にぶつけると面倒なことになるので言葉を飲み込んでしまい、ストレスを抱えてしまっているのです。

ここで考えたいのは、ライオンさんが価値観を押しつけてくる理由です。

ライオンさんは、**相手が自分の価値観をわかってくれるものと思って主張しているわけではありません。**

実は、「自分の価値観は時代遅れで、誰にも受け入れてもらえない」ということをライオンさんはわかっています。

相手に自分の主張を受け入れてもらいたい、相手を正しい方向に導きたいと思うのであれば、別の伝え方をするはずです。

ライオンさんは価値観を押しつけているわけではなく、自分のこれまでの経験を、過酷な状況の中で苦労を重ねて生きてきたことを、ただ相手にわかってほしいだけなのです。

「自分らしく生きてほしい」から押しつける

ライオンさんは時代遅れの価値観や的外れな主張を押しつければ、相手が自分の信じる道を選びとることをわかっています。

たとえば、親が子どもに自分の価値観を押しつけると、子どもは親とはまったく別の価値観を持って、違う方向に進んでいくことがあります。

このとき親はライオンさんになっていて、「自分と同じ苦労はさせたくない」という親心から、「こうしたほうがいい」と思ったことを子どもに押しつけます。

こうして親が自分の価値観を押しつければ押しつけるほど、子どもは反発し、自分らしい生き方を模索するようになって、親とは違う価値観を持って自分の生き方を選択できるようになります。

同じように、自分にとって時代遅れの価値観を押しつけてくる。自分にとって的外れな主張を押しとおそうとしてくる。そんなライオンさんに対して抱く怒りの感情が、**自分らしい選択をするための原動力**になります。

相手が自分らしく生きていけるように導くことが、ライオンさんの本当の目的なのです。

ストレスの原因は「嫌悪感」と「罪悪感」

ライオンさんは時代遅れの価値観を押しつけ、相手にバカにされることで、**自分を踏み台にして自由に生きてほしい**と願っています。

実は裏では、「私が言ったとおりにすると苦労するから、あなたらしい選択をしてね！」と応援してくれているのです。

また、ライオンさんに関わると自分がストレスを感じるのは、「ライオンさんの価値観に従いたくない」と思っているからなのだと気づきます。

だから、時代遅れのライオンさんをバカにしたり、ライオンさんの生き方を否定したりする。そんな**自分に対する「嫌悪感」が、実は一番のストレスの原因**だったのです。

相手の意見を右から左に軽く聞き流せる人であれば、ライオンさんといっしょにいてもストレスを感じることはないでしょう。

そうです、相手の意見に対して否定的になったり、相手をバカにしたりすることに「罪悪感」を抱いてしまう純粋な心を持った人が、ライオンさんといっしょにいるとストレスを感じてしまうのです。

ライオンさんが価値観を押しつけてきても、それは**自分らしい選択ができるように応援してくれている**のであって、ライオンさんの価値観に従う必要はありません。

そのことがわかると、ライオンさんに対するストレスが軽くなって、ライオンさんと距離をとれるようになります。

「罪悪感」というストレスから解放されて、ライオンさんといっしょにいても自由にのびのびと、自分の選択ができるようになるでしょう。

PART

4

「イヤな人」と心の距離をとる5つのメリット

みんな「違う生き物」と心得て心の距離をとろう

自分の気持ちを「相手に合わせる」ことなんてできない!!

他人と心の距離をとることで、自由にのびのびと、自分らしく生きることができるようになります。

「心の距離をとる」というのは、**「相手に合わせようとしない」**ことです。

これまでさまざまな動物たちの違いを見てきたように、みんな「自分とは違う」生き物で、生態も行動パターンも思考パターンもそれぞれ違うのだから、当然合わせることなんてできません。

それなのに無理に合わせようとして相手にふり回され、イラついたり傷ついたりして疲れ果ててしまっています。

PART1で説明したアタッチメントがなかった人は、感覚が過敏で常に緊張が高まっており、「不快」の感情に注目してしまいます。疲れているときや弱っているときは特に、その傾向が見られます。

そのため、自分を不快にさせるイヤな人に近づき、その人の気持ちになって考えたり、イヤな人にもかかわらず嫌われないように「いい人」を演じたりしています。

イヤな人は「違う生き物」なので、そもそも同じ気持ちになることはできません。

それなのに、知らず知らずのうちに相手に合わせようとしているのです。

ここからは、イヤな人と心の距離をとることで得られるメリットや、心の距離のとり方についてお話ししましょう。

メリット 1

MERIT!

イヤな人のことを考えなくてよくなる

相手のことを考えようとするのは無駄なこと

イヤな人に対して心の距離をとるメリットのひとつは、イヤな人のことを考えなくてもすむようになることです。

イヤな人を動物にたとえて説明した理由は、**動物の種類が違えば生き方やコミュニケーションのとり方も違う**、という前提があるからです。

人間は基本的に、自分とは異なる生き物を「か弱い動物」だと思って接します。人間の子どもと同じようにふれあえば、ほかの動物とも通じ合えるかもしれないと思うわけです。

好きな動物であれば、時間と労力をかけてでも通じ合えるように努力するでしょう。

でも、イヤな動物に対しても同じようにできるでしょうか？

私はカメレオンが苦手で、見るのも「イヤ〜！」となっているので、「どうすればカメレオンと通じ合えるんだろう？」などと考えること自体が無駄というもの。

嫌いでも通じ合いたいと思って努力し続ければ、イヤな動物に対しても情が湧いてきて、いつの日か「もしかしたら通じ合えたかも」と思えるようになるかもしれません。

しかしそれは、人間が**「通じ合えたかも」と勝手に解釈している**だけであって、カメレオンは何も感じていないのです。


人と人が「通じ合う」ときは、お互いが同じ気持ちになっているときです。

相手がイヤな人であっても通じ合いたいと思う場合、自分と「同じ人間」だと思って「同じ気持ち」になろうと努力します。

ただ、**「多様性」という観点から見ると「みんな違っていていい」**ので、誰しも同じ気持ちにはなれません。

そもそも同じ気持ちになれない相手に感情移入をして、勝手にその人の気持ちを考え、頭の中でその人とやりとりをして時間を過ごす。

それはある意味、子どもが幼いころにする人形遊びのようなものです。

子どもの場合、人形遊びは社会性を身につけるためのトレーニングにもなって役に立ちますが、大人の私が頭の中でカメレオンと人形遊びをしたところで、これもまたまったく無駄になります。

相手のことを考えると脳がものすごく疲れる

「頭の中で考えるだけならいいのでは？」と思うかもしれませんが、実際は脳を使ってやっていることなので、エネルギーを浪費しています。

脳は、人間のからだの中で最もエネルギーを消費する部位です。

一般的に、平均的な人の1日の消費カロリーは、基礎代謝量を除いて約400キロカロリーです。

1時間ほど勉強すると、100キロカロリーものエネルギーを消費します。

将棋や囲碁の棋士たちはコマを動かす前に何手も先を考えてシミュレーションをし、さまざまな戦略パターンを考えているため、脳がものすごい勢いでカロリーを消費しています。

ちなみに、プロのチェスプレーヤーは1日でおよそ6000キロカロリーも消費するという研究結果が出ているほどです。

イヤな人のことを考えるときは、「多様性」という違いがあることを前提にして、**本来は通じ合えない相手に対して思いをめぐらせる**ことになります。

そのため、相手に言われたことに対して、「こんな意味があるんじゃないだろうか？」「こんな意図があって言ったのでは？」などと相手の気持ちを何パターンも想定しなければならず、そこからさらに想像が広がっていきます。

このとき、もしかしたら問題集を解いているときよりも、数倍のエネルギーを費やしているかもしれません。

たとえば、カメレオンタイプの幼なじみに久しぶりに会って、趣味の音楽の話をしたときに、「え？　あなた、そんな時代遅れの音楽をまだ聴いているの？」と言われたとします。

ショックを受けて傷ついたあなたは後になって、「あの人の目から見たら、今の自分はダサいのかな？」「あの人にバカにされてしまうほど、自分と力の差がひらいてしまったのかな？」「なんだかエラそうにものを言うようになったけれど、あの人に何かあったのかな？」など、通じ合っていない相手だからこそ、いろいろ考えてしまいます。

「相手から見たらダサい自分」という想像からは、いつまでも価値観が変わらない自分をバカにしているのかも……。「バカにされるほどの実力差」という想像からは、自分のことを誰かに聞いたり、SNSをチェックしたりして調べたりして見下しているのかも……。「エラそうになった相手」という想像からは、おかしな自己啓発セミナーにはまってしまったのかも……といった感じで、どんどん悪い方向に想像がふくらんでいきます。

「相手のことを考える」ということは、このように**相手の思考や感情などを多岐にわ**

たって何通りも考えていることになり、ものすごいエネルギーを使ってしまっているのです。

相手のことなんて考えずに時間と労力を節約するべし

1時間ほど勉強をして頭を使ったときの消費エネルギーは約100キロカロリーなので、イヤな人のことについて4パターン考えたとすると、約400キロカロリーを消耗することになります。

これはケーキ1個分のカロリーに相当し、ケーキの値段に換算してみると、およそ400円を相手のために使っていることになります。

イヤな人と心の距離をとって考えることをやめれば、400円分の無駄をなくすことができて、少しは頭も軽くなるでしょう。

相手のことがイヤであればあるほど通じ合えず、より複雑に考えてしまうため、思考のパターンが増えて消費エネルギーの量も増えます。

イヤな人と心の距離をとると、**相手のことを考えるときに使っていたエネルギーをすべて自分のために使うことができる**ようになります。

また、イヤな人と関わっていると、つい甘いものを食べたくなるという人もいるでしょう。それは、脳がものすごいエネルギーを消費しているからです。

そう考えると、イヤな人と心の距離をとることは、**からだに無駄なものを取り込まなくてすむ**、というメリットもあることがわかります。

無駄から解放されて自分の時間が生まれ、心身ともに健康になると、イヤな人とうまくつき合えるようになるでしょう。

メリット 2 MERIT!

イヤな人とのつき合いに時間を割かなくてよくなる

無理につき合っても「百害あって一利なし」

イヤな人と心の距離をとると、イヤな人のために時間を使わなくてすむようになります。

たとえば、ブタタイプのブーちゃん先輩から「みんなでランチに行こうよ」と誘われたとします。

そのときあなたは、切りのいいところまで仕事を進めておきたくて本当は断りたいのだけれど、「誘いを断ったら先輩に不満に思われて、みんなに自分の悪口を言われるかもしれない」と考えてしまい、無理をしてつき合うことにします。

案の定、悪口大会が始まって、みんなで会社や上司の文句を言って大声で笑い合っています。その姿を傍観しているあなたは不快な気分になり、「ああ、やっぱり断ればよかった……」と後悔するでしょう。

ランチが終わったあとも、みんなの悪口を聞いてしまったせいで仕事に集中できなくなり、さらに時間を無駄にしてしまいます。

「自分の悪口を言われていたらどうしよう」と不安になっている一方で、「自分が知らない情報を得られるかも」という期待もあってランチ会に参加した結果、ブーちゃん先輩たちから得られたのは他人の悪口と不満感だけ。

それなのにまた、ブーちゃん先輩に声をかけられても断ることができません。

自分にとって何ひとつメリットがなく時間の無駄だとわかっているのに、飼い慣らされた犬のようにしっぽをふってついていってしまい、あとで必ずといっていいほど後悔するのです。

後悔すると負の連鎖が生じやすい

　このように、イヤな人からの誘いを断ると「何か悪いことが起こるかも」「新しい情報を逃してしまうかも」などと考え、不安と期待が入り混じった心の状態になっているときは、時間を無駄にしてしまう可能性が高くなります。

　なぜなら、人の不安をあおるようなイヤな人に関わってもなんのメリットもない、という単純な仕組みだから。

「この人に関わっておかないと何か悪いことが起こるかも」と不安に思いながらも、「この人に関わることで何かいいことが起こるかも」という期待で不安を打ち消そうとするのですが、そもそも**イヤな人と関わったあとは不快感だけが残る**ものです。

　そして、その期待が裏切られて不満になり、「時間を無駄にしてしまった」と後悔して、イヤな人への不快感が増していくのです。

　時間を無駄にしたことを後悔すればするほど、またイヤな人に関わって、再び時間を無駄にするという悪循環に陥ってしまいます。

時間を無駄にしたことを悔やんで、「あの人にはもう関わらないようにしよう」と反省しているつもりでも、実は後悔すればするほど同じ過ちをくり返してしまい、いつまでも時間を無駄にし続けるという負の連鎖が起こります。

後悔は「もしかしたら今度こそは」という期待感を生み出し、今抱えている不安感を打ち消そうとします。

そして、叶うことのない期待を持って同じことをくり返し、時間を無駄にしてしまうのです。

後悔することで、「この人に関わっておかないと何か悪いことが起こるかも」という不安と、「この人に関わることで何かいいことが起こるかも」という期待が増幅します。

不安と期待が入り混じった心の状態でイヤな人に関わると、「時間を無駄にした」という後悔から「もしかしたら今度こそは」と期待してしまい、いつまでも関わり続けてしまうことになるのです。

後悔しないための気づきのキーワードは「今度こそは」

「この人に関わっておかなければ、きっと大変なことになる」と不安に思うときは、そこにイヤな人がいるから。

イヤな人につき合って時間を無駄にして後悔しても、また誘いがあると、「もしかしたら今度こそは」と賭け事のようにドツボにはまって何度も後悔させられる。

この悪循環に陥りやすいのが、親戚づき合いかもしれません。

先ほどもお伝えしたように、イヤな人と心の距離をとると自分のために時間を使えるようになり、自由に生きられるようになります。

「もしかしたら今度こそは」という期待感があるときは、「相手と心の距離をあけよう」と意識してみましょう。

少しずつでも意識できるようになると相手に期待しなくなり、だんだん後悔することがなくなっていきます。

さらには、不安をあおるようなイヤな人を脅威に感じることがなくなっていきます。相手の存在が脅威でなくなると、自分の時間を相手に捧げる必要がなくなり、その分、自由な時間が生まれます。

イヤな人のためではなく、**自分のために貴重な時間を使うことで「自己肯定感」が上がっていきます。**

すると、「なんでイヤな人につき合ってしまうんだろう」「なんで同じことをくり返してしまうんだろう」と自分を責めることがなくなり、後悔から解放されて、自由に生きられるようになるのです。

自己肯定感が上がることで、ますますイヤな人と心の距離をとりやすくなるでしょう。

メリット 3 MERIT!

イヤな人に合わせて自分もイヤな人にならなくなる

人の感情はほかの人に「伝染」する

イヤな人に対しては不快感を持っているため、**自分が「相手に合わせている」という感覚はあまりない**でしょう。

ところが実は、自分でも気づかないうちにイヤな人に合わせてしまっていて、**イヤな人の影響を受けている**のです。

たとえば、人のあら探しばかりしているハイエナタイプの上司に対して、「いつもイライラしていてイヤな感じ」と思っているのは、「自分は上司のようにあら探しなんてしないし、人に対してもイライラしない」という自覚があるから。

ところが、**「感情伝染」**が起こっていて、**気づかないうちにイヤな人に合わせてしまっている**のです。

「感情伝染」とは、人の感情や感覚が周りの人にも伝わっていくこと。

わかりやすい例を挙げると、ある人がめちゃくちゃ緊張していると周りの人たちもつられて緊張してしまう、という現象が感情伝染です。

いつもイライラしている上司のそばにいて「イヤだな」と思ってしまうのも、実は感情伝染が起きています。上司のイライラに感染して自分も不快になっている可能性があるのです。

気づけば自分も「イヤな人」になっている

アタッチメントがない人は「不快」な感情に注目してしまうため、自分でも気づかないところで他人の不快な感情に合わせてしまい、その人のことを「イヤな人」だと思ってしまいます。

そして、その人と物理的に距離をとってもイヤな気分を引きずっていたり、楽しいことをしているときもその人のことを思い出して不快になったりしています。

すると、**周りの人からは「いつもイライラしている人」のように思われて、いつの間にか自分もイヤな人になってしまう**のです。

単にイヤな人のことを思い出してイライラしているだけなのに、実は、ほかの人にまでイラついています。

イヤな人からの感情伝染が起こり、気づかないうちにイヤな人に合わせて自分も同じようなことをしているのです。

そして恐ろしいことに、自分の大切な人にもイラついて傷つけてしまい、自分をイラつかせるイヤな人のことがますますイヤになる、という現象が起きます。

それは、イヤな人と同じことをして大切な人を傷つけていることを自分で認められず、**イヤな人に「自分の影」の部分を押しつけている**ことになります。

もとをたどれば、イヤな人から感情が伝染して大切な人に不快な態度をとってしまっているのですが、自分がイラつく原因が大切な人にある、とかん違いしてしまうことがあります。

イヤな人のことをどんどんイヤになってしまうのは、その人が自分と同じイヤな部分を持っている人だから。**イヤな人の中に「自分の影」の部分を見てしまう**から。

ところが、自分の中にその影の部分があるのは、**イヤな人から感情伝染を受けた結果**なのです。

脳は「イヤな人」の真似をしてしまうもの

動物の脳には「ミラーニューロン」という、相手の真似をする「鏡の細胞」があります。

ミラーニューロンには**「脳内で相手の真似をする」**という特徴があり、真似をすればするほどミラーニューロンは活性化します。

イヤな人に不快感を持った時点で感情伝染が起こっており、知らず知らずのうちにイヤな人の真似をしています。

たとえば、ハイエナ上司のイライラに感染したまま帰宅して、家族に不快な態度をとってしまうと、ミラーニューロンが脳内でイヤな人の真似をして自分の中の不快感が増していく、というわけです。

相手のことを「イヤな人」だと思った時点で、**感情の伝染が起きていると気づくことができると、自分もイヤな人になってしまうことがなくなります。**

不快感はイヤな人からの感情伝染であり、「自分の感情ではない」ことに気づいた時点で、相手の真似をすることはなくなります。

イヤな人のことを考えれば考えるほど、不快になり、感情伝染が起こったまま相手を真似していることになります。

イヤな人のことを考えなければ相手の影響を受けなくなるため、自分もイヤな人になることがなくなります。

イヤな人と同じにならなければ、「自分の影」をイヤな人の中に見ることもなくなり、

「あれ？　なんでこの人のことがイヤだったんだろう？」と思えるようになって、どんどん不快感がなくなっていきます。

そして、本来の自分の姿を取り戻していきます。

イヤな人の影響を受けなくなると、その人が「自分とはまったく異なる生き物」であることがわかり、「多様性」を受け入れられるようになります。

「多様性」という違いを受け入れられないときは、実はチャンスです。

そのとき、「もしかしたら相手の感情が伝染しているかもしれない」と気づくことで、イヤな人の真似をやめることができて、「同族嫌悪」にならずにすみます。

「みんなそれぞれが違っていて、いろんな生き方がある」のだと認めることができるようになると、自由になれるのです。

メリット 4
MERIT!

イヤな人のことでストレスを感じなくなる

あなたが本当に「やりたいこと」はなんですか？

イヤな人と心の距離をとることで、ストレスを感じなくなります。

人がストレスを感じるのは、**自分のやりたいことができなくなっている証拠**です。

本当にやりたいことができているときはストレスフリーで、時間が経つのも忘れるくらい楽しくて仕方がないでしょう。

一方、やりたくないことをやっているときは、「ストレス満載」状態になっています。

では、あなたがイヤな人と心の距離をとれているか、チェックをしてみましょう。

「自分のやりたいことってなんだろう？」と考えてしまう人は、イヤな人と心の距離がものすごく近い状態。感覚が完全に麻痺しているせいで、自分を見失っています。

やりたいことはあるけれど、いつまでたっても取りかかることができない人は、イヤな人と心の距離が近い状態。

そのため、ストレスを感じてエネルギーを消耗してしまい、自分のやりたいことに手がつかなくなっています。

やりたいことがわからなかったり、やりたいことがちっともできていなかったりするのは、イヤな人と心の距離が密になっている状態で、ストレス満載になってしまっているのです。

また、やりたいことをやっているはずなのに、あとで「時間を無駄にした」と後悔してしまう人は、イヤな人と心の距離がうまくとれていない状態。

実は、イヤな人から遠ざかるために何かに没頭しているだけなのに、それを自分のやりたいことだと思い込んでいます。

イヤな人と心の距離がうまくとれず、そのストレスを発散するために時間を無駄にしているのです。

自分のやりたいことをやっているのに、なんとなくスッキリしない人も、イヤな人と心の距離がうまくとれていない状態。

というのも、みんなと違うことをやっている自分、人に合わせることができない自分に後ろめたさを感じているから。

この後ろめたさがあることに本人は気づかず、自分がやっていることを誰かにアピールしています。

そんな人は、自分がみんなと違うことをやっていても間違っていないか不安で、自分がやっていることを認めてほしいと思って、つい人に言いたくなってしまいます。

つまり、**「多様性」を認めることができていない**のです。

みんなそれぞれやりたいことをやればいい

イヤな人と心の距離がとれている人は、やりたいことを思いきり楽しんでいる人。

好きなことをしている自分を誰かにアピールすることもなく、やりたいことに熱中している人です。

自分にはやりたいことがあるので、**「人は人、自分は自分」**という感じで「多様性」を認めることができて、イヤな人とも心の距離をうまくとることができるのでストレスフリーになります。

そうです、イヤな人と自分のやりたいことは違っていい。**お互いにやりたいことが違うからといって、イヤな人に合わせる必要などない**のです。

自分がやりたいことを思う存分できるようになると、イヤな人のことも「あなたはあなた、私は私」と思えるようになって、自然と心の距離をとれるようになります。

そして、イヤな人の生き方も尊重できるようになるでしょう。

イヤな人の生き方を認められるようになると、イヤな人の影響を受けたり、イヤな人に気を遣ったりすることがなくなり、ストレスから解放されます。

たとえば、クジャクさんの「私を見て見て！」というアピールと、サルさんのそれは異なります。サルさんにはサルさんのやり方があって、クジャクさんとは違ってもいい。みんなやりたいようにやっているのです。

そんなふうに人との違いを認められるようになると、「私は私のやりたいことを自由にやっていいんだ！」と気づき、いざやりたいことを始めたときにストレスから解放されます。

イヤな人と「心の距離が密になっている」ことに気づこう

もし今、あなたが「やりたいことがわからない」と思っていたら、イヤな人と心の距離が密であることに気づくだけでだいじょうぶ。

「誰と心の距離が密になっているんだろう？」と犯人探しをする必要はありません。

イヤな人と心の距離が密になっているせいで、やりたいことが思い浮かばない。

そのことに気づくだけでいいのです。

すると、やりたいことが見えてきて、ストレス満載でできないと思っていたことにチャレンジできるようになります。

「やりたいことができない」と思ってしまうのは、イヤな人と心の距離が密だから。

イヤな人と一心同体のように感じられてストレスを抱えているため、やる気も意欲も失ってしまっているだけなのです。

「多様性」を認めて「イヤな人とも違っていていい」ことがわかると、イヤな人に気を遣うことなく、好きなことに没頭できるようになります。

人間関係のストレスから解放されてエネルギーが満ちてくるのが感じられ、本来の自分らしい生き方ができるようになっていくのです。

メリット5
MERIT!

自分の好きな人が周りに集まってくるようになる

尊敬する人や憧れの人とは同じ「生きる目的」を持っている

イヤな人に囲まれていると、自分がどんな人がイヤなのかはわかるけれど、どんな人が好きなのかは、だんだんわからなくなってきます。

自分の好きな人がわからなくなってしまうのは、**イヤな人に囲まれて本来の「生きる目的」を見失っているから。**

実は、「生きる目的」が共通している人が「好きな人」なのです。

「生きる目的」が同じ人は、「あの人ってすごいよなあ」「あの人みたいになりたいなあ」と尊敬する人や憧れの人。

イヤな人の輪の中には尊敬できる憧れの人が見あたらないため、自分の「生きる目的」がわからなくなっているのです。

この「生きる目的」を、これまで紹介してきた動物の生態を例に考えてみるとよくわかるでしょう。

たとえば、ハゲタカさんとライオンさんでは、そもそも「生きる目的」が違いますよね。

ハゲタカさんは、人に醜態をさらさせて「人の心を浄化したい」。

ライオンさんは、価値観を押しつけて「人のことを応援したい」。

このように、**そもそも生まれ持っているものが違う**のです。

この生まれ持った「生きる目的」は、親子であっても違う場合があります。

「生きる目的」を知ることは自分を知ること

もし、あなたの周りに尊敬できる憧れの人がいない場合、イヤな人と心の距離がとれていない可能性があります。

自分では気づいていないけれど、実は身近にいる人が「イヤな人」ばかりで、本来は「生きる目的」が違うのに無理に合わせてしまっているのかもしれません。

そのため、自分の「生きる目的」がわからなくなって、好きな人を見失っているのです。

イヤな人と心の距離をとることができるようになると、尊敬できる憧れの人の姿が見えてきます。

すると、「あんなすごい人と私の生きる目的が同じわけがない」とあなたは否定するかもしれませんが、そんなことはありません。

あなたの本来の姿は、これまでイヤな人たちにゆがめられてきたため、尊敬できる憧れの人と雲泥の差を感じてしまっているだけなのです。

実は、**尊敬できる人も憧れの人も「自分の影」**であり、自分とは反対側にいるようでいて、**鏡のむこう側にいる本来の自分の姿**でもあります。

イヤな人とは「生きる目的」が違うため、イヤな人が近くにいると自分の「生きる目的」を否定されているように感じてしまい、自分に自信が持てなくなります。

否定されると自信がなくなって、また否定されて……のくり返し。負の連鎖から抜け出すことができなくなって、本来の自分の姿を見失っていきます。

そこで、イヤな人と心の距離をとって、イヤな人のことを頭の中から少しずつ追い出していくと、**尊敬できる憧れの人と「生きる目的」が同じ**であることに気づくようになるでしょう。

イヤな人とは「生きる目的」が違うことがわかると、「自分も捨てたもんじゃない」と思えてきます。

そして、「生きる目的」が見え始め、少しずつ自信を取り戻すことができるでしょう。

自信やエネルギーに引き寄せられて好きな人が集まってくる

自信がないときは「生きる目的」を見失っていただけで、再び「生きる目的」が見えてくると、これまでとは違った自信やエネルギーが満ちあふれてきます。

すると、その**自信やエネルギーに引き寄せられて、自分の「好きな人」たちが近づいてきます。**

このとき、「自分なんかがこんなすてきな人に近づいてもいいのかな」と不安に思うことがあるかもしれませんが、自分の「好きな人」と「生きる目的」が同じであることを素直に受け止めましょう。

すると、さらに「好きな人」のネットワークが自然と広がっていき、自分の世界がいい方向に変わっていくでしょう。

イヤな人との心の距離が近かったときとはまったく異なる世界が目の前に広がり、自分の「生きる目的」のために自由にのびのびと生きられるようになります。

イヤな人と心の距離をとると、「生きる目的」が同じ人たちに出会うようになり、「好きな人」が自分の周りに集まってくるようになります。

そして、イヤな人たちの「生きる目的」も尊重できるようになります。

これまではイヤな人の「生きる目的」に自分を無理に合わせようとして、違和感を覚えていたことでしょう。

「あの人たちはあの生き方でいいんだ」と認めることができるようになると、イヤな人たちに対する嫌悪感はスッと消えてなくなります。

すると、イヤな人たちの存在に怯えることがなくなり、自分の「生きる目的」にストレートに向かっていくことができます。

そう、ほかの人の「生きる目的」に合わせなければいけない、と思っていたからイヤな気持ちになっていただけで、**合わせなくてもいいことがわかるとストレスから解放される**のです。

また、「好きな人」たちとは「生きる目的」が同じなので、いいライバル関係を築いて切磋琢磨しながら、ともに自分たちの「生きる目的」に向かって進んでいくことができるでしょう。

PART 5

「イヤな人」にならないための5つの掟

人はいつだって「イヤな人」になりやすいもの

イヤな人と同じことをして「醜い自分」になりたくない!!

「あんなこと言わなきゃ良かった……」と後悔することがありませんか？

肉体的にも精神的にも疲れていて心に余裕がないと、誰しも「イヤな人」になってしまうものです。

そもそもなぜ、「イヤな人」になりたくないのでしょう。

その答えは、**人に「嫌われたくない」**から。

普通の人はイヤな人には嫌われてもいいと思うものですが、アタッチメントがない人は**イヤな人にも嫌われたくない**のです。

また、イヤな人には「醜い」という印象を持ってしまうもので、醜いイヤな人と自分が同じことをしてしまうと、自分も醜くなってしまうような気がするから。

イヤな人になったらその醜さが身についてしまうかもしれない、という恐怖心があるのです。

「イヤな人」になるまでの5段階

「イヤな人」になる過程は5段階あります。

第1段階では、イヤな人に注目して**「自分はあの人とは違う」と比較する**ことで、自分の正しさや誠実さに確信を持とうとします。

第2段階では、「自分はイヤな人とは違う」のでその人を反面教師にして、**イヤな人たちがやっていることと反対のことをやり始めます。**

たとえば、自慢話をしているのがイヤだと思ったら、自分の失敗談を話す。

自分の話ばかりで人の話はまるで聞かないのがイヤだと思ったら、自分の話はさておき人の話を親身になって聞く。

こうして周囲に対してイヤな人と反対のことをやり始めると、今度はその周りの人たちが「イヤな人」になってしまう可能性があります。

わかりやすい例として、親に厳しく育てられてイヤな思いをした人が親を反面教師にすると、自分は子どもに甘くなります。

甘やかされて育った子どもが大人になると、「わがままなイヤな人」になってしまうことがあるのです。

このように**イヤな人を反面教師にして「いい人」になると、周りの人たちが潜在的に「イヤな人」になってしまいます。**

第3段階に進むと、周りの人だけでなく、自分も「イヤな人」になってしまいます。周りの人たちが自分に対してイヤな部分を見せると怒りが湧いてきて、**いつの間にか自分も「いつもイライラしているイヤな人」になってしまう、**といった負の連鎖が始まるのです。

ところが、自分が「イヤな人」になっていることを認めずに、反面教師の行動を続けます。

なぜなら、第2段階と同じように、周りの人たちがイヤな人になっているせいで自分は反対の行動をとらなければならない、と思い込んでいるから。

実際、同じように「イヤな人」になっている自分のことは棚に上げて、相手に問題を押しつけているのです。

こうして自分が「イヤな人」になっていることを認めず、認めないせいでますますイヤな人になっていきます。

そのうち、周りの人たちが離れていってしまったことに気づき、第4段階では一発逆転をねらって、**相手にとって都合のいい人**を演じ始めます。

自分の元から離れていってしまった人たちにサービスをするかのように、慌てて相手のご機嫌をとろうとするのです。

ところが、自分の言動を突然変えたところで、相手の気持ちが戻ってくるわけではありません。

いよいよ最終段階に入ると、もはや開き直って**「イヤな人」を演じ続けます。**離れていってしまった人たちの心をつなぎ止められないことがわかると、「いい人」を演じてきた自分の努力を無下にされたように思って一方的に怒り、自分の「イヤな人」の印象を払拭することをあきらめてしまうのです。

「いい人」を演じると周りが「イヤな人」になる

自分にとってイヤな相手が醜く見えれば見えるほど、「自分はあの人とは違う」のだとかたくなに信じ、イヤな人を反面教師にして過剰に「いい人」を演じます。

すると、周りの人たちがどんどんモンスター化していきます。

一方が「いい人」になるともう一方は「イヤな人」になるといった具合で、人は常に人間関係のバランスをとり合っています。

みんなが「普通の人」であれば「イヤな人」は存在せず、誰かが「いい人」を演じることもなくなって、人間関係のストレスはなくなるでしょう。

しかし、「普通の人」ばかりの世の中ではありません。

ちなみに、「普通の人」はアタッチメントがある人のことで、「快」の感情に注目する人たちです。

この人たちは「イヤな人」のことなんて気にも留めない（つまり「イヤな人」は存在しなくなる）ので、自分が「いい人」を演じることはありません。

私が認識するところでは、世の中に3割程度しかいないように思います。


一方、アタッチメントがない人たちは「不快」の感情に注目するため、**自分が「なんとなくイヤ」だと感じることに敏感**です。

そのため、人の言動で不快な思いをすることが多く、**「自分はこんなイヤなことは絶対にしない！」と思って「いい人」になろうとします**。

すると、周りの人たちはバランスをとって、潜在的に「イヤな人」になります。

そんな人たちに対して「あの人もこの人もムカつく！」と怒りだし、結果的に自分も「イヤな人」になっていくのです。

「イヤな人になっている」ことを認めるだけでいい

「イヤな人」にならないためのポイントは、**「自分もイヤな人になってしまうことがある」と気づく**ことです。

第3段階が分岐点で、「あの人のせいでこうなった」と周りの人のせいにして、実は自分がイヤな人になっていることを認めないと、そこから本格的にイヤな人に転落していきます。

そこで、第3段階に進んでしまう前に、「もしかしたら自分もイヤな人になっているかも!?」と気づいて認めること。それだけでいいのです。

「自分もイヤな人になっている」ことを認めるだけで、次第に「イヤな人」ではなくなって、「普通の人」に近づいていきます。

「イヤな人になるなんて、まっぴらごめん！」と拒絶し、実は自分も「イヤな人」になっていることを認めないと、イヤな人になっていることをごまかす、という行動をとるようになります。

こうして「いい人」を演じると、周りの人たちはますますモンスター化し、バランスをとって「イヤな人」になってしまうのです。

「自分もイヤな人になっている」ことに気づいて認めれば、「いい人」を演じる必要はなくなり、周りもモンスター化しなくなります。

そして、お互いが「普通の人」に近づいて、バランスがとれるようになります。

ただ、**「不快」の感情がないと物足りなさを感じてしまう**のがアタッチメントがない人たちの特徴です。

そのため、「いい人」と「イヤな人」のシーソーゲームをくり返すなかで、いつの間にか「イヤな人」から抜け出すことをあきらめてしまうようになるのです。

周りの人たちがイヤで不快な思いをすると、誰もが「イヤな人」になる可能性がありますが、イヤな人になっている自分を責めたり、反省したりする必要はありません。

「イヤな人」になっていることを素直に認めるだけで、簡単に「イヤな人」から抜け出すことができるのです。

1つめの掟

「イヤだ」と思ってしまうことに罪悪感を持たないこと

イヤな人を鏡にして自分の身だしなみを整える

イヤな人のことを「イヤだ」と思ってしまうことに、罪悪感を持つ必要はありません。

真面目な人は「人を嫌いになってはいけない」という暗黙のルールに従って生きているため、人のことをちょっとでも「イヤだな」と思うと、申し訳ない気持ちでいっぱいになってしまいます。

でも、イヤな人のことを「イヤだ」と思ってしまうのは正直な気持ちで、そう思うことは自分にとって大切なことなのです。

イヤな人を「イヤだ」と思うことがなぜ大切かというと、**イヤな人が自分の鏡になってくれているから**。

イヤな人が自分の姿を鏡のように映しだし、身だしなみを整えてくれるのです。

自分はある人のことを「ものすごくイヤ！」だと思っているのに、どうもほかの人は「イヤだ」と思っていないみたい……、と感じたことがありませんか？

それは、**自分の中にイヤな人と同じ部分を持っている**ため、その人のことを「イヤだ」と感じてしまうから。

ほかの人は自分がイヤな人と同じ部分を持っていないので、なんとも思っていないのです。

たとえば、誰に対してものすごく攻撃的な人がいて、その人のことを「イヤな人」だと思ってしまうのは、自分にも攻撃的な一面があるから。

人間の攻撃性には「戦士の遺伝子」と呼ばれるものが関係しており、その遺伝子の影響で穏やかにふるまうことはできません。

遺伝子に逆らわずに自分も攻撃性を表に出していれば、攻撃的な人に対して「イヤだ」とは思わなくなります。

ところが、自分の中に攻撃性があることを否定して「穏やかな自分」を演じていると、攻撃的な人に注目してしまい、その人のことを「イヤだ」と思ってしまうのです。

イヤな人の中に「自分の影」を見て無意識に修正している

自分の中に認めたくない部分や嫌いな部分があると、イヤな人の影にその部分を見てしまい、相手に嫌悪感を抱くようになります。

そして、自分はそうはならないように反対の行動をとろうとします。

こう考えてみると、イヤな人を「イヤだ」と思うのは**「自分の影」の部分を嫌っているだけで、実は相手を嫌っているわけではない**のです。

「自分の影」の部分に憎しみを持つことで、「人に嫌われない自分」を演じるのは、その影を表に出してしまったら、周りの人たちがどのように反応するかを知っているから。

そのため、自分と同じ部分を持っている「イヤな人」を鏡にして「自分の影」を映しだし、「そうならないようにしなければ」と自分の身だしなみを整えているのです。

そうであれば、自分と同じ部分を持っている人に共感できて、もっと寛容な態度をとれるはずです。

確かに、イヤな人を見て、「ああ、自分にもあんなイヤなところがあるんだ」と素直に認めることができて、「自分の影」の部分を修正することができたら理想的です。

ところが、人は「イヤな人」に見る「自分の影」の部分が、自分の中にあることを素直に認めるのがむずかしいのです。

この仕組みを頭ではわかっていても、どうしても「自分の影」の部分を受け入れることがむずかしいため、「イヤな人はやっぱりイヤ！」。頭の中でいつまでもイヤな人のことを考えてしまい、**イヤな人を鏡にして「自分の影」の部分を無意識に修正しようとしてしまう**のです。

周りの人を不快にさせないために「自分の影」を整える

イヤな人を「イヤだ」と思うのはどうしようもないため罪悪感を持つ必要はなく、**イヤな人を鏡にして「自分の身だしなみを整えている」ということに気づく**だけでだいじょうぶ。

朝、寝起きにイヤな人のことを思い出してしまうのは、顔を洗うのと同じようにあたり前のこと。

イヤな人を見て「イヤだ」と思うのは、鏡を見て乱れた髪をきれいにとかしているのと同じこと。

「自分の影」の部分が表に出ないように身だしなみを整えて、周りの人たちに受け入れてもらえるようにしているだけなのです。

イヤな人のことを「イヤだな」と思うことは、「自分の影」の部分をきちんと認識してその影の部分を整え、**周りの人たちを不快にさせないようにするための大切な感情**なのです。

イヤな人を「イヤだ」と思ったときに罪悪感が生まれるのは、そんなふうに相手を鏡にして「自分の影」の部分を表に出さないようにしているから。

イヤな人の代わりに、自分が「いい人」になっているからかもしれません。

申し訳ない気持ちでイヤな人に近づくと、「やっぱりこの人はイヤ!」となって、再び罪悪感が生じるでしょう。

もし罪悪感を捨てられなくても、イヤな人を鏡にして「自分の影」の部分を何度も見つめ直していると、少しずつラクに生きられるようになっていくはずです。

2つめの掟

心の中に鏡を置いて、孤独を感じている自分を認めてあげること

「イヤな人」になるスイッチは自責の念と反省する心!?

自分が「イヤな人」になっていることに気づき、「またやってしまった……」と反省したり、「なんであんなことしちゃったんだろう……」と後悔したりして、自分を責めてしまうことがあります。

本来は「同じことをくり返さないため」という目的があって自分を責めたり反省したりするのですが、これが逆効果になってしまうことがあります。

恐ろしいことに、**自分を責めて反省すればするほど、「イヤな人のスイッチ」が入りやすくなって、どんどんイヤな人に染まってしまう**のです。

心の鏡に映った「イヤな自分」の話を聞いてあげること

イヤな人に染まらないようにするためには、まず自分の心の中に鏡を置いてみましょう。

その鏡に映っているのは、どんな自分でしょう？

心の中の鏡で自分の姿を見たときに、そこに映っているのが「イヤな自分」であっても、鏡を見ることをやめないでください。

心の鏡の中にいる「イヤな自分」に手をさしのべて、そっと引き寄せて抱きしめてあげましょう。

そして、「今、あなたの周りでどんなことが起きているの？」と話を聞いてあげるのです。

心の鏡に映しだされたのは、いろんなことに傷ついて**「イヤな人」になってしまっている自分**。誰にも話を聞いてもらえずに、**孤独を感じている自分**なのです。

孤独な自分を優しく抱きしめて、イヤな人になってしまった理由を聞いてあげましょう。

すると、イヤな自分が「ちょっと寝不足だったからイライラしていて……」「疲れていたからイヤな態度をとってしまって……」と、胸のうちを明かしてくるでしょう。

言い訳のように聞こえるかもしれませんが、**そんな自分を責めずにひたすら話を聞いてあげることが大切**です。

なぜなら、自分の味方になってくれる人が誰もおらず、自分を守るために言い訳をしているだけだから。

「イヤな自分」になっている本当の理由は、そのむこう側にあります。

「あなたは疲れていたんだね」とありのまま受け止めてあげることで、鏡の中の自分は安心して、本当の理由を聞くことができるようになります。

そのため、鏡の中の「イヤな自分」がどんな話をしても、「うん、うん」と聞いてあげること。

話の途中で「今までこんなに話を聞いてもらったことがないのに！」と怒りをぶつけられるかもしれませんが、それさえも受け止めて「**あなたはそのままでいいんだよ**」

と、鏡の中の自分をもう一度、抱きしめてあげましょう。

話を聞いているうちに、誰からも理解されず、受け止めてもらえずに**孤独を感じ続けてきた自分の心の傷**があらわになります。

孤独の感情が出てくると、心の鏡の中の「イヤな自分」がいつも一人で怯えていた幼いころの自分の姿に変わっていくでしょう。


そんな幼いころの自分に、「あなたの心を癒やすために、私にどんなことができる？どんなことでもいいから言ってごらん」と話しかけ、いっしょに遊んだり、楽しい話をしたりするなど、自分に言われたことを心の中でやってあげるといいでしょう。

十分にそれをしてあげたらもう一度、自分を抱きしめて、「あなたのことをいつも大切に思っているからね、いつまでもいっしょにいるからね。だから安心して」と、自分が味方であることを伝えて、心の鏡の中に戻してあげます。

「ああ、またイヤな人になってしまった……」と思ったら、**心の鏡の中にいる「イヤな自分」に優しくしてあげることで、傷ついた自分の心が癒やされていく**のです。

自分の「孤独」に気づけば「イヤな人」にはならない

心の中の鏡に映しだされた自分を抱きしめ、話を聞いてあげることで、傷ついた心は癒やされていきます。

すると、「イヤな自分」になってしまう原因である「孤独」が解消されます。

そうです、「またイヤな人になってしまった！」と自分で自分を責めることで心が傷ついて、どんどん孤独になっていたのです。

孤独を感じるほどにイヤな人になって、自分や周りの人を責めてしまう、という悪循環に陥っているのです。

心の鏡の中の自分に話しかけることができなくても、**自分が「孤独」であることに気づくだけでいい**のかもしれません。

誰からも理解されず、受け止めてもらえずに孤独を感じている自分を認めてあげるだけで、イヤな人になってしまう自分を責めることがなくなるでしょう。

「イヤな人」になっている自分を責めなければ、イヤな人になるスイッチが入らなくなります。

イヤな人にならなくなって違和感を覚えるようであれば、まだ孤独を感じている証拠。イヤな人と思われているほうが人に注目されて孤独が解消される、という錯覚を起こしているのです。

「イヤな人」になってしまう自分を責めずに、「孤独」であることをわかってあげるだけでも、イヤな人のスイッチは自然とオフになって、本来の自分の姿に戻っていくのです。

3つめの掟

イライラやストレスを感じたら、とにかく休むこと

人の気持ちばかり考えていると自分の感覚が鈍くなる

イライラしたりストレスを感じたりしているときは、自分や他人にダメ出しをしてしまいがち。

イライラして自分を責めたり、反省してストレスを感じたりすると、イヤな人になるスイッチが入りやすくなってしまいます。

自分が「イヤな人」になることを恐れて、**イライラをコントロールしようとするのは逆効果。**イライラしないように無理やり感情を抑えようとすると、むしろ爆発してしまうのです。

イライラしているときは何もせずに、とにかく休むこと。

そして、**何も考えない**ことです。

これが、イヤな人のスイッチを入れないための最善の方法になります。

問題は「イヤな人」が周りにいるときは、自分の怒りやストレスに自覚が持てなくなることです。

自分の感覚がわからなくなってしまうのは、周りの人のことばかり考えてしまっているから。

イヤな人のせいで不快な思いをしている人がそばにいると、その人の気持ちを考えてしまい、自分のことがおざなりになってしまいます。

多くの人が子どものころから「人の気持ちを考えなさい」と教えられてきたでしょう。

「人の気持ちを考えなくちゃ！」と思っている時点ですでに十分、人のことを考えているので、本来はこれ以上考える必要はありません。

それなのに**人の気持ちを考えすぎてしまい、自分がどう感じているかがわからなく**

なってしまいます。

人の気持ちばかり考えていても、いいことはひとつもありません。

相手の気持ちになって気を遣っているはずなのに、自分の怒りやストレスをはっきり自覚できなくなると、知らず知らずのうちに人にダメ出しをするようになります。イライラとストレスが引き金となって、いつの間にか「イヤな人」になってしまうのです。

また、自分の感覚が鈍くなっているせいでイヤな人になり、気づけば周りに味方がいなくなっていた、なんてこともあるでしょう。

イヤな人を「正そう」とする必要はない!!

イヤな人のことが頭から離れず、ずっと考え続けてしまうときもあります。

この場合も**イヤな人の気持ちを考えてしまっていて、イヤな人のことを変えてあげ**

ようとしている可能性があります。

イヤな人に言われた嫌味を頭の中でぐるぐる考え続けてしまったり、イヤな人の不快な態度が忘れられず何度も思い返したりして、「次に会ったときにどうやって注意してやろうか！」などと考えています。

自分では「イヤな人にダメ出しをしよう」と思っているのですが、実際は**「イヤな人を正そう」としている**のです。

それは、イヤな人の言動を分析して、その人がイヤな人でなくなるように変えてあげなければ、という気持ちを持っているから。

普通の人はイヤな人に近づいたり、イヤな人のことを考えたりするのは時間の無駄だと思うので、イヤな人のことを避けます。

ところが、イヤな人のことが気になってしまう人は、その人の気持ちになって、イヤな人の立場でものを考えてしまいます。

「私のことをバカにしているから、あんなことを言ったんだ」と考えてしまうのは、自分がイヤな人の頭の中に入って相手の気持ちになっているから。

相手の気持ちになってしまうと、自分のイライラやストレスが感じられなくなり、イヤな人に見下されていると思い込んで、自分へのダメ出しが止まらなくなってしまいます。

こうしてイヤな人になるスイッチが入ってしまうのです。

「思いっきり休もう」とつぶやくだけで心が休まる

人の気持ちを考える人は「いい人」というイメージがありますが、実際は、**人の気持ちを考えれば考えるほど、気づかないうちに「イヤな人」になっている**ことがほとんどです。

人の気持ちを考え始めていることに気づいたら、「自分の感覚が麻痺している」ことを自覚して、人の気持ちを考えなくなるまで休みましょう。

「人の気持ちを考えなくなるまで……って、相当休まなきゃダメじゃない?」と思ったあなたは、周りの人に気を遣いすぎています。

そんな人こそ思いきって休んで、頭の中から人への気遣いを取り除き、自分の感覚を取り戻しましょう。

また、ストレスがたまっている人は、「そんなに休んでいる時間はない」と思ってしまうでしょう。

感覚が麻痺すると、心や時間の余裕まで感じられなくなってしまいます。

そんなふうに余裕がなくなってしまった人は、「思いっきり休もう」と思うだけでだいじょうぶ。

心の中で「思いっきり休もう」とつぶやくだけでいいのです。

イヤな人が頭の中にいつまでも居座っていて、イヤな人を変えようとしているときにも「思いっきり休もう」と思うことで、イヤな人を変える努力をやめることができます。

「思いっきり休もう」とつぶやくだけで心が休まり、自分や他人にダメ出しをすることもなくなって、イヤな人のスイッチが入らなくなるのです。

4つめの掟

自分にとって大切な人に甘えすぎないこと

「いい人」の〝おかげ〟で自分が「イヤな人」になる

相手に気を遣って「いい人」を演じると、相手はバランスをとって「イヤな人」になってしまうことは、これまで説明しました。

逆に考えてみると、自分にとって大切な人が「いい人」ならば、自分はバランスをとるために「イヤな人」になってしまいます。

そのため、**大切な人に甘えすぎたり、近づきすぎたりして「いい人」を演じさせてしまうと、自分が「イヤな人」になってしまい、相手を困らせてしまいます。**大切な人だからこそ、気をつける必要があります。

ここでひとつ、例を挙げて説明しましょう。

ある職場にAさんが、「ろくに仕事もしないで人の悪口ばっかり言っているイヤな人」だと思っている同僚がいて、その人と距離を置いていました。

そして、仕事ができる優秀な同僚のBさんと、できるだけ行動するようにしていました。

Aさんが自分の都合で仕事を頼んでも、Bさんはイヤな顔ひとつせずに、いつも快く引き受けてくれるのです。

Bさん「いいよ、私がやっておくから！」

Aさん「ごめんね、助かるわ。ありがとう！」

Aさんは、いつも仕事をカバーしてくれるBさんを頼りにしており、彼女を「いい人」だと思っています。

するとそのうち、Aさんは仕事をしない同僚たちのグループに加わって、職場の悪口を大声で話すようになっていました。

そのことに「ハッ！」と気づいたAさんは、「私ったら、いつの間にイヤな人になっていたんだろう……」とガクゼンとしました。

Aさんはこれまで悪口を言っている人たちを軽蔑し、仕事ができない同僚を「イヤな人」扱いしていたはずなのに、いつの間にか自分がその仲間になっていて、親切にしてくれていたBさんは、Aさんと距離を置くようになってしまったのです。

そうです、**近くにいる大切な人が「いい人」であると、気づかないうちに自分が「イヤな人」になってしまう**ことがあるのです。

「いい人」と「イヤな人」の悲しきバランス

この現象は、パートナー間でも起こりうることです。

ある女性が、「おたくのご主人って優しくて気がきくよね」とみんなにほめられたのに、「いやいや、全然そんなことないんだけど……」とグチをこぼしていました。

確かに、夫は文句ひとつ言わずにゴミ出しをしてくれるし、食事を作ってくれることもある。掃除や洗濯も夫婦で分担しているので、ほかの人たちのご主人に比べたら、いい夫だとは思う。

それなのに、夫が家事を手伝ってくれても、「なんでもっときれいにできないの！」「どうして料理の味がこんなに薄いの！」とダメ出しが止まらなくなってしまう。

罵倒された夫の悲しそうな顔を見るたびに、「どうして私ってこんなにイヤな人間なんだろう……」と反省する。

こんなふうに、「いい人」である夫に対して強くあたってしまうなど、自分でもコントロールができなくなってしまうのです。

これがまさに、相手が「いい人」を演じれば演じるほど、バランスをとるために自分が「イヤな人」になってしまう、という現象なのです。

関係を長続きさせる秘訣は「適度な距離感」を保つこと

一般的に、気遣いができるすばらしい女性が「ダメ男」をつくり出してしまう、といわれています。

一方、気遣いができる優しい男性は「おっぱいの出る男性」と呼ばれ、そんな男性が「横暴な女性」をつくり出してしまう、ということはあまり知られていません。

これもまさに、「いい人」と「イヤな人」がバランスをとり合う現象のひとつです。

相手のことを大切に思っていて、つい甘えたくなってしまったら、**「適度な距離感を保とう」と心の中で思う**ようにしましょう。

そう思うことで二人のバランスが均衡し、いつまでも「いい関係」を保ち続けることができます。

甘えたい気持ちになるのは「いい人」からの呼び水で、自分が「イヤな人」になってバランスをとってしまう兆候なのです。

そのため、自分の心の弱さから甘えたくなるのではなく、お互いの関係性の中で、相手が「いい人」を演じすぎているからなのです。

大切な人につい甘えたくなったときに「適度な距離感を保とう」と思ってみると、「イヤな人」になって相手を傷つけてしまい、二人の関係が壊れることがなくなります。

もちろん、大切な人との距離を縮めたいと思うのはあたり前のことですが、**「ちょっと甘えたいな」と思ったときは要注意。**

これは、相手が「いい人」を演じすぎているというサインなのです。

5つめの掟

完璧主義を目指したり、神経質になりすぎたりしないこと

完璧主義者や神経質な人は「イヤな自分」を認めない

完璧主義を目指したり、神経質になりすぎたりすると、イヤな人になるスイッチが入ってしまうことがあります。

それは、自分や他人へのダメ出しが止まらなくなるから。

イライラしてダメ出しをすると、イヤな人のスイッチが入ってしまうのです。

もしイヤな人になってしまっても、自分がイヤな人になっていることを認められれば、イヤな人を脱して本来の自分に戻ることができます。

ところが、完璧主義者や神経質な人は、自分がイヤな人になっていると認めることができにくいもの。

完璧主義者は必要以上に高い目標を設定し、万事が整った状態を目指して努力しています。

そして、他人の評価を気にして常に自分に厳しくしているので、「自分がイヤな人になっているわけがない」と認めることはありません。

「私はイヤな人なんかになっていない！」と否認するために、ますます完璧主義の傾向が強まっていきます。

実際は、イヤな人になっているので周りの人たちから白い目で見られているのに、それを認められず、「自分が完璧じゃないから、周りの人が自分のことを認めてくれない」と間違った方向に解釈して、どんどん完璧主義になっていきます。

周りの人の理解が得られずにイライラして、イヤな人のスイッチが入ってしまい、ますますほかの人との間に溝ができてしまう、という悪循環が生じてしまうのです。

「イヤな人になっている」と心の中でつぶやく

完璧主義を目指したり、神経質になりすぎたりすると、周りが見えなくなってどんどん深みにハマってしまう、という傾向があります。

完璧を目指せば目指すほど、細かいことを気にすればするほど、「もっともっと」という勢いが止まらなくなり、神経が集中して周りが見えなくなってしまいます。

その勢いを止めるのは実は簡単なことで、**細かいことが気になったら「自分は今、イヤな人になっている」と心の中でつぶやくだけでいい**のです。

本当は自分がイヤな人になっていることを認めたくはないのですが、心の中でつぶやくだけで、イヤな人になっていることを認めることになります。

このつぶやきは、「失敗するのはイヤだ」と思っている完璧主義者や神経質な人には特に効果的です。

「自分は今、イヤな人になっている」と唱えることは、自分の失敗を受け入れるのと同じことになります。

「イヤな人になっている」とつぶやくことで失敗を受け入れてしまえば、「まあ、いっか」といった感じで完璧主義や神経質がゆるみ始め、自分や他人へのダメ出しが減っていきます。

なぜなら、それまでは「完璧でありたいからダメ出しをする」とか「神経質だからダメ出しをする」と自分では思っていたのが、「イヤな人になっているからダメ出しをする」と互換されるのです。

誰もが愛されるためにがんばっている

完璧主義者や神経質な人は、「大切な人に嫌われたくない、受け入れられたい」と願っています。

ところが、相手に受け入れてもらえている感覚がないので、「もっともっと」という感じになってしまいます。

ダメ出しが止まらなくなるとイヤな人になるスイッチが入ってしまい、いよいよ周りの人たちに嫌がられ、受け入れてもらうことはできません。

そこで、「自分は今、イヤな人になっている」と心の中でつぶやくと、イヤな人になっているから周りの人たちに受け入れてもらえないのだと、本人も気づかないうちに認めることができるようになって、完璧主義や神経質になる意味がどんどん薄れていくのです。

細かいことが気になったら、心の中で「自分は今、イヤな人になっている」とつぶやいてみましょう。

自分がイヤな人になっていることを心の底から認めなければいけない、というわけではありません。

つぶやくことでイヤな人をやめられるだけではなく、完璧主義や神経質も同時に手放すことができて、大切な人に受け入れてもらえるようになるでしょう。

また、「きちんとやらなきゃ！」と思ったときも、同じようにつぶやいてみるといいでしょう。

すると、自分一人ですべてを抱え込むのではなく、周りの人の助けを借りながら楽しく、のびのびと取り組むことができるようになります。

自分が「イヤな人になっている」ことを認めてしまったら、周りの人たちは離れていってしまうかもしれないと思っていたかもしれません。

でも実際はそうではなく、周りの人たちが自分のことを優しく包み込んでくれるようになるのです。


「イヤな人になっている」ことを認めると、自由になれる。

そして、自分の周りにいるイヤな人たちのことも愛おしく思えてくる。

それぞれ愛されるために、がんばっているのです。

がんばり方は人それぞれであっても、目的はただひとつ。

そう、みんな愛されるために、がんばっているのです。

STAFF

デザイン　根本佐知子（梔図案室）
イラスト　イラカアヅコ
D T P　松川直也
校　正　西進社
編集協力　コバヤシヒロミ

編集長　山口康夫
担当編集　糸井優子

動物にタイプ分けで簡単！あなたの周りのイヤな人から身を守る方法

2023年12月11日　初版第1刷発行

著　者　大嶋信頼
発行人　山口康夫
発　行　株式会社エムディエヌコーポレーション
〒101-0051　東京都千代田区神田神保町一丁目105番地
https://books.MdN.co.jp/
発　売　株式会社インプレス
〒101-0051　東京都千代田区神田神保町一丁目105番地
印刷・製本　シナノ書籍印刷株式会社

Printed in Japan

【カスタマーセンター】
造本には万全を期しておりますが、万一、落丁・乱丁などがございましたら、送料小社負担にてお取り替えいたします。お手数ですが、カスタマーセンターまでご返送ください。

【落丁・乱丁本などのご返送先】
〒101-0051　東京都千代田区神田神保町一丁目105番地
株式会社エムディエヌコーポレーション カスタマーセンター
TEL：03-4334-2915

【内容に関するお問い合わせ先】
info@MdN.co.jp

【書店・販売店のご注文受付】
株式会社インプレス　受注センター
TEL：048-449-8040／FAX：048-449-8041

ISBN978-4-295-20608-8　C0030